探索 Exploring
Sensory Data
感官資料

Advanced Exploration of Market Data Science

{深入市場資料科學}

何宗武 著

五南圖書出版公司 印行

感官評分的資料科學
推薦系統與產品分析

　　這本書針對商品感官屬性的評分資料，介紹分析方法與視覺化討論的技巧。本書涵蓋的第一種評分資料是消費者對電影、音樂或書籍等商品的滿意度評分 (Liking)；本書將介紹如何利用相似度矩陣執行協同演算法，來建立推薦系統。第二種則牽涉商品感官屬性的調查資料，例如，雞尾酒成分、口紅色調，和香水香調等商品屬性的評分；本書將透過多變量方法的應用與視覺化技術，來回答：最受消費者喜歡的是哪些特性？現行商品符合市場需求嗎？

　　在我有限的認知下，台灣相關感官資料分析的書至少有兩本，分別是楊士慶與陳耀茂 (2018) 的《感官檢查統計分析》和劉伯康與莊朝琪 (2020) 的《食品感官品評》。這兩書內容已涵蓋不少主題，因此，若兩書已有詳盡說明，本書就不列為主題，例如，CATA 分析在楊士慶與陳耀茂 (2018) 有專章，我就不選入。劉伯康與莊朝琪 (2020)有完整的調查方法與實驗設計解說，若讀者有意於此，應該參考此書。這兩本書對我幫助十分巨大，必須對作者致上敬意。除此，感官資料另一類涉及文字資料的處理與分析，因此涵蓋篇幅過大，暫不列爲本書主題。

本書寫作爲完整的資料導向，涵蓋推薦系統和消費者與專家品鑑兩類資料的形狀與特性，實做上則以 R 套件 SensoMineR 完成分析爲重點。每章開場皆以詳述特定的資料結構爲鋪陳，希望透過認識資料 (know your data) 深入感官資料分析的方法。

感官資料的應用不止在於市場調查（商品），在民意調查，將公眾人物的屬性定義好，依然可以回答類似問題：公眾人物的哪些屬性，最受選民歡迎？中間選民的特徵爲何？

目錄

* 下載本書相關檔案，請上五南官網 https://www.wunan.com.tw，
　首頁搜尋書號 1H1Q

第 一 章

推薦演算之一：
關聯規則與購物籃分析

　　關聯規則最有名的例子就是啤酒和尿布。賣場透過交易記錄發現商品和商品之間的關聯，從而了解消費規則，例如，買 A 的會買 B，買 {A, B, C} 的會買 {D}。本章是感官資料的入門，了解交易記錄資料表與關聯規則的邏輯，對進一步學習評分式的感官資料有很大幫助。

第一節　交易記錄資料與基礎測量

一、原理說明

　　關聯規則 (association rules) 分析是零售公司用於購物籃 (market basket) 數據的方法，因此，一般也稱爲購物籃分析 (Market Basket Analysis, MBA)。它涉及分析大型數據集以發現可能經常一起購買的商品分組和產品，如客戶間的交易記錄 (transaction records)，交易記錄表現爲列屬性 (row ID)，如發票

編號 (invoice ID)、顧客代號 (customer ID) 等等。如表 1.1-1(A)，依列是某超商早上 7-9 點的交易記錄，可以代表早餐時段的消費者商品偏好。商品項目中文括弧內的英文字母，是為了避免中英文字的問題，用字母對照進入電腦運算，比較不會出現錯誤，因為實際的商品名稱，往往會有很多符號和簡寫；所以，要顯示演算結果時，再透過對照表還原完整文字名稱。

表 1.1-1(A) 是原始記錄，可以看成發票品項記錄。對於這類資料的分析，必須轉換成二元關聯表，如表 1.1-1(B)。

表 1.1-1　購物籃資料

交易記錄	商品項目（代碼）
101	牛奶 (A)、麵包 (B)、餅乾 (C)、地瓜 (D)
102	麵包 (B)、餅乾 (C)、豆漿 (E)、泡麵 (F)
103	牛奶 (A)、餅乾 (C)、素食 (G)
104	牛奶 (A)、麵包 (B)、地瓜 (D)、泡麵 (F)、素食 (G)
105	餅乾 (C)、豆漿 (E)、素食 (G)

(A) 交易記錄

交易記錄	牛奶 (A)	麵包 (B)	餅乾 (C)	地瓜 (D)	豆漿 (E)	泡麵 (F)	素食 (G)
101	1	1	1	1	0	0	0
102	0	1	1	0	1	1	0
103	1	0	1	0	0	0	1
104	1	1	0	1	0	1	1
105	0	0	1	0	1	0	1

(B) 二元關聯表

　　表 1.1-1(B) 是一個矩陣，它的列和表 1.1-1(A) 完全一樣，但是垂直的行 (column) 是所有品項的不重複聯集 (union of items)，透過交叉關聯，矩陣元素的 {0, 1} 表示原始購物籃內，對應特定交易記錄中，品項的 { 無 , 有 } 狀態。

　　關聯分析就是依照交易記錄，分析品項之間的記錄，探勘關聯規則，了解購物習慣。表 1.1-2 是關聯規則常用的符號，讀者不必記憶，需要的時候回來查詢即可。

表 1.1-2　慣用詞

慣用詞	定義
TID (Transaction ID)	交易代號
D (Database)	交易資料庫

慣用詞	定義
I (Itemset)	項目集合
k-item	k 階項目集：項目集合中包含 k 個品項
C_k	k 階候選項目集集合
I_k	k 階高頻項目集集合
H_i	i- 項目集的雜湊表
F	k 階最小支持度之候選項目集

　　類似統計學計算四階動差來描述資料的性質，從交易記錄中萃取關聯規則，也需要借用一些指標來過濾資訊。常用的有三個：

（一）支持度 (support)：衡量關聯規則的顯著性

定義：$Support \{X \Rightarrow Y\} = P(X \cap Y)$

　　衡量該規則在全部交易記錄中出現的比率，表示此關聯相對於全部資料具有的普遍性，例如：

$$Support (牛奶 \Rightarrow 麵包) = P (麵包 \cap 牛奶) = \frac{2}{5} = 0.4$$

　　這樣的支持度，有許多品項組合，因此，在計算出所有的 $P(X \cap Y)$ 支持度後，就可以選擇最小支持度作為門檻，用於過濾關聯規則所必須涵蓋的最少資料比率。

（二）信賴度 (confidence)：為條件機率，衡量在特定條件下，關聯規則的正確性

定義：$Confidence(X \Rightarrow Y) = P(Y \mid X) = \dfrac{P(X \cap Y)}{P(X)}$

衡量在前提項目 X 發生的情況下，結果項目伴隨 Y 發生的條件機率，例如：

$$Confidence(牛奶 \Rightarrow 麵包) = P(麵包 \mid 牛奶) = \dfrac{2/5}{3/5} = 0.667$$

因此，信賴度可推得結果項目 Y 的規則之正確性的信心程度。信賴度要達到一定水準時，關聯規則才會具有意義。最小信賴度門檻主要用於去除正確機率較低的關聯規則。

（三）增益度 (lift)：衡量關聯規則的資訊價值

定義：$Lift(X \Rightarrow Y) = \dfrac{P(Y \mid X)}{P(Y)} = \dfrac{\frac{P(X \cap Y)}{P(X)}}{P(Y)} = \dfrac{P(X \cap Y)}{P(X) \cdot P(Y)}$

由公式定義可知，增益是一個雙向關聯，衡量了特定的支持度（品項交集）從兩方向看的相關性強度。

用於比較信賴度與結果項目 Y 單獨發生時兩者機率間的大小，為衡量該關聯規則之有效性，也就是判定該規則的條件機率是否比原本發生的機率大：

・增益值 >1，代表此關聯規則的信賴度大於原本結果項目 Y 發生機率，表示該關聯規則的預測結果比原本表現好。

・增益值 <1，表示透過關聯規則的預測結果比原本預測能力差。

　　基於以上三個指標，實務上，決定關聯規則篩選需要指定門檻值，以減少無謂計算：

・最小支持度 (minimum support) 門檻

・最小信賴度 (minimum confidence) 門檻

　　表 1.1-1(B) 的二元關聯表，底列可以計算一個項目頻次 (item frequency) 的資訊，如下：

表 1.1-3　項目頻率

交易記錄	牛奶 (A)	麵包 (B)	餅乾 (C)	地瓜 (D)	豆漿 (E)	泡麵 (F)	素食 (G)
101	1	1	1	1	0	0	0
102	0	1	1	0	1	1	0
103	1	0	1	0	0	0	1
104	1	1	0	1	0	1	1
105	0	0	1	0	1	0	1
項目頻次	3	3	4	2	2	2	3

　　項目頻次／總交易次數，衡量特定品項的相對頻繁程度。實務上，一個商品一欄，因此，一個稍具規模的賣場，品項二元矩陣往往非常龐大。利用單品項目頻次，可以預先篩除低頻次的單品，從而減少維度（品項欄位）；之後，再決定「最小支持度」和「最小信賴度」的門檻值，就會更容易處理後續分析。

　　最後，就是多商品串聯之關聯規則，例如，顧客於購買「牛奶與麵包」的同時也會選購餅乾：

$$Support(牛奶，麵包 \Rightarrow 餅乾)=P(牛奶，麵包，餅乾)=0.2$$

$$Confidence(牛奶，麵包 \Rightarrow 餅乾)=P(餅乾|牛奶，麵包)=0.5$$

$$Lift(牛奶，麵包 \Rightarrow 餅乾)=\frac{P(餅乾 \mid 牛奶，麵包)}{P(餅乾)}=\frac{0.5}{0.8}$$

$$=0.625$$

　　規則探勘進行會如表 1.1-4 中，基於表 1.1-3 計算出一堆規則，若設定支持度與信賴度的門檻值為 0.2 與 0.5。經過最終衡量後，此規則「顧客於購買牛奶的同時也會選購麵包」之增益值為 1.111>1，將被列為顯著訊息，置於有效的資訊集合中。

表 1.1-4　規則探勘表

關聯規則	支持度	信賴度	增益
若 { 牛奶 , 麵包 } 則 { 餅乾 }	20%	50%	0.625
若 { 牛奶 , 餅乾 } 則 { 麵包 }	20%	50%	0.83
若 { 麵包 , 餅乾 } 則 { 牛奶 }	20%	50%	0.83
若 { 牛奶 } 則 { 麵包 }	40%	67%	1.111

二、R 實做

　　R 的關聯規則套件主要是 arules，初步的解釋性分析以 DVD 租借資料為範例，如圖 1.1-1，帳戶使用者為顧客 (Users)，商品 DVD 為品項 (Items)，這樣的資料結構和 ANOVA 一樣，只是 Items 欄是文字，不是數字。

R Code Chunk 1.1 視覺化 itemMatrix

```
1. library(arules)
2. library(arulesViz)
3. dat0=read.csv("data/DVD.csv")
4. dat=split(x=as.factor(dat0[,"Items"]), f=as.
   factor(dat0[,"Users"]))
5. dat=as(dat, "itemMatrix")
6. image(dat, main=paste0(dim(dat)[1]," Users/",
   dim(dat)[2]," Items"))
```

	A	B
1	Users	Items
2	1	Sixth Sense
3	1	LOTR1
4	1	Harry Potter1
5	1	Green Mile
6	1	LOTR2
7	2	Gladiator
8	2	Patriot
9	2	Braveheart
10	3	LOTR1
11	3	LOTR2
12	4	Gladiator
13	4	Patriot
14	4	Sixth Sense
15	5	Gladiator
16	5	Patriot
17	5	Sixth Sense
18	6	Gladiator

▶▶圖 1.1-1　DVD 資料結構

　　R Code Chunk 1.1 前兩步驟為執行程式之前須載入的套件，其餘的簡單解說如下：

　　第 3 步載入資料表。資料結構如圖 1.1-1。

　　第 4 步是將資料表轉換成 list 分組，這步驟是為了第 3 步將資料表轉換成如表 1.1-3 的 {0, 1} 二元項目矩陣。這一步驟的關鍵在於 as.factor() 這個指令，最簡單的了解方法就是去除 as.factor，並調換 x 和 f

的項目，看看差別在何處就會一目了然。

　　第 5 步執行資料格式轉換，套件 arules 有兩種格式："itemMatrix" 和 "transactions"。後面有更多範例會用到 "transactions"。

　　第 6 步則是利用熱力圖技術，將 itemMatrix 予以視覺化，如圖 1.1-2。

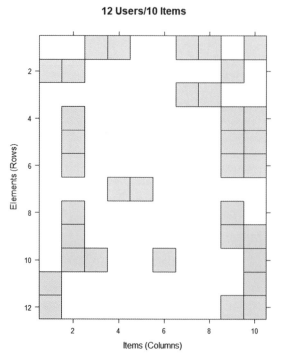

▶▶圖 1.1-2　第 6 步的熱力圖

　　圖 1.1-2 的圖對應表 1.1-3，製作表 1.1-3 的語法也很簡單，如下：

```
Values=as.numeric(as.vector(dat@data))
item.matrix=matrix(Values, dim(dat), byrow =
TRUE)
colnames(item.matrix)=names(itemFrequency(dat))
```

　　item.matrix 顯示如圖 1.1-3，對照圖 1.1-2 可以看出是對應關係，例如：第 1 部電影 *Braveheart*，有三個人租借，其餘是 0。有兩部電影只有 1 人租借：*Harry Potter 2* 和 *LOTR*。透過 image 函數的視覺呈現，我們可以初步檢視資料基本結構：哪些片子被較少顧客租借？哪些顧客租借較多片子？這樣就可以掌握資料的稀疏狀況。

```
> item.matrix
      Braveheart Gladiator Green Mile Harry Potter1 Harry Potter2 LOTR LOTR1 LOTR2 Patriot Sixth Sense
 [1,]          0         0          1             1             0    0     1     1       0           1
 [2,]          1         1          0             0             0    0     0     0       1           0
 [3,]          0         0          0             0             0    0     1     1       0           0
 [4,]          0         1          0             0             0    0     0     0       1           1
 [5,]          0         1          0             0             0    0     0     0       1           1
 [6,]          0         1          0             0             0    0     0     0       1           1
 [7,]          0         0          0             1             1    0     0     0       0           0
 [8,]          0         1          0             0             0    0     0     0       1           0
 [9,]          0         1          0             0             0    0     0     0       1           1
[10,]          0         1          1             0             0    1     0     0       0           1
[11,]          1         0          0             0             0    0     0     0       0           1
[12,]          1         0          0             0             0    0     0     0       1           1
```

▶圖 1.1-3　二元項目矩陣展開

　　圖 1.1-2 的熱力圖對應的是圖 1.1-3 的資料。藉

由小規模數，之後，當數據變大，我們依然可以掌握
熱力圖傳達的視覺意義。從上面的簡單數據，可以知
道一旦展開二元項目矩陣，將會面臨一個相當龐大
（寬）的矩陣，所以一般都不顯示，只做維度說明。
例如，點選第 5 步的 dat，顯示的是如下資訊：

```
> dat
itemMatrix in sparse format with
 12 rows (elements/transactions) and
 10 columns (items)
```

接下來我們檢視項目頻次 (item frequency)，也就
是10個DVD（項目）在12個交易中的受歡迎程度（相
對頻率）。如以下程式碼：

R Code Chunk 1.2 項目頻次

```
1. itemFrequencyPlot(dat, horiz=TRUE);grid()
2. lattice:: barchart(itemFrequency(dat),
   xlab="Frequency")
```

R Code Chunk 1.2 繪製的第 1 個函數，繪製圖
1.1-4。

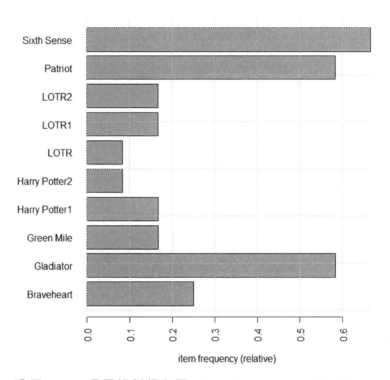

▶圖 1.1-4　項目相對頻次圖：itemFrequencyPlot(dat, horiz=TRUE)

　由圖 1.1-4 可以發現，{LOTR, Harry Potter 2} 頻率小於 0.1，藉由添加 support=0.1，我們可以去除這兩筆，如圖 1.1-5。

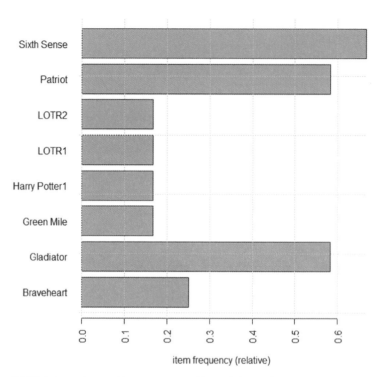

》圖 1.1-5 itemFrequencyPlot(dat, horiz＝TRUE, support＝0.1)

　　圖 1.1-4 的 Y 軸標籤，由下到上，是依照圖 1.1-3 欄標籤的由左至右。所以，我們發現沒有排序。

((•)) 練習問題

請設計一個方法讓 itemFrequencyPlot() 可以畫出排序的資料。

我們雖然將 itemFrequencyPlot() 的排序，讓讀者
練習，但是，我們可以用別的方法畫排序圖，如下
lattice::barchart，見圖 1.1-6。

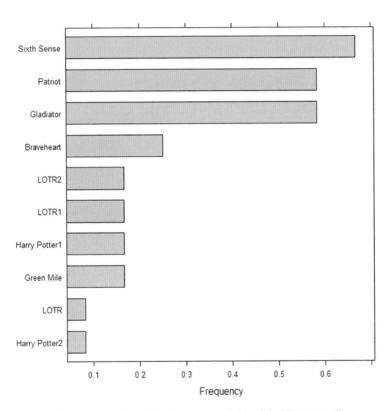

lattice::barchart(sort(itemFrequency(dat)), xlab="Frequency")

》圖 1.1-6　排序的頻次圖

　　圖 1.1-6 利用了 arules 套件內建的函數 itemFrequency()，然後添加 sort() 就可以，如果要刪除 support 小於 0.1，要怎麼做呢？我們還是留給練習問題。

((•)) **練習問題**

圖 1.1-6 的圖，要如何去除相對頻次小於 0.1 的最後兩項？

提示：利用 which(itemFrequency(dat)<=0.1) 取得 DVD 位置，再予以移除即可。

　　最後一個繪圖就是使用最受歡迎的 R 套件 ggplot2，如下：

R Code Chunk 1.3 用 ggplot2 繪製相對頻次圖

```
1. library(ggplot2)
2. gg.dat=data.frame(name=names(itemFrequency(dat)),
       value=as.numeric(itemFrequency(dat)))
3. ggplot(gg.dat, aes(x=name, y=value)) +
   geom_bar(stat = "identity") +
   coord_flip()
```

上面 Code Chunk 產生的 ggplot2 圖形，如圖 1.1-7。

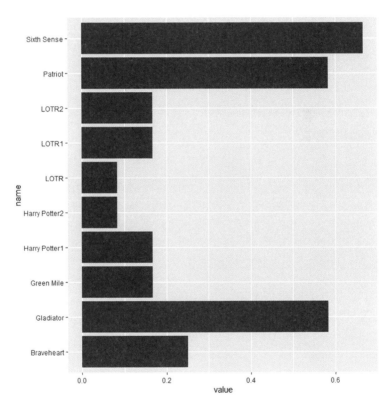

》圖 1.1-7　程式 Chunk 1.3 繪製的頻次圖

如果你已經解決了排序和最低 support 的問題，那 ggplot2 應該也很簡單。如果可以完成，使用

ggplot2 或 barchart 都是不錯的選擇。

　　結束本節的解釋性資料分析之後，接下來第二節就是關聯規則演算。

第二節　　關聯規則演算法之一：Apriori

　　關聯規則演算的結果，會產生類似圖 1.2-1 的關聯規則表。

```
              Lhs              Rhs  support confidence      lift count
[1]            {} => {Harry Potter1} 0.1666667  0.1666667 1.000000     2
[2]            {} =>         {LOTR1} 0.1666667  0.1666667 1.000000     2
[3]            {} =>         {LOTR2} 0.1666667  0.1666667 1.000000     2
[4]            {} =>    {Braveheart} 0.2500000  0.2500000 1.000000     3
[5]            {} =>    {Green Mile} 0.1666667  0.1666667 1.000000     2
[6]            {} =>       {Patriot} 0.5833333  0.5833333 1.000000     7
[7]            {} =>      {Gladiator} 0.5833333  0.5833333 1.000000     7
[8]            {} =>    {Sixth Sense} 0.6666667  0.6666667 1.000000     8
[9]        {LOTR1} =>         {LOTR2} 0.1666667  1.0000000 6.000000     2
[10]       {LOTR2} =>         {LOTR1} 0.1666667  1.0000000 6.000000     2
[11]  {Braveheart} =>       {Patriot} 0.1666667  0.6666667 1.142857     2
[12]     {Patriot} =>    {Braveheart} 0.1666667  0.2857143 1.142857     2
[13]  {Braveheart} =>   {Sixth Sense} 0.1666667  0.6666667 1.000000     2
[14] {Sixth Sense} =>    {Braveheart} 0.1666667  0.2500000 1.000000     2
[15]  {Green Mile} =>   {Sixth Sense} 0.1666667  1.0000000 1.500000     2
[16] {Sixth Sense} =>    {Green Mile} 0.1666667  0.2500000 1.500000     2
[17]     {Patriot} =>      {Gladiator} 0.5000000  0.8571429 1.469388     6
[18]   {Gladiator} =>       {Patriot} 0.5000000  0.8571429 1.469388     6
[19]     {Patriot} =>   {Sixth Sense} 0.4166667  0.7142857 1.071429     5
[20] {Sixth Sense} =>       {Patriot} 0.4166667  0.6250000 1.071429     5
[21]   {Gladiator} =>   {Sixth Sense} 0.4166667  0.7142857 1.071429     5
[22] {Sixth Sense} =>      {Gladiator} 0.4166667  0.6250000 1.071429     5
[23] {Gladiator, Patriot} =>   {Sixth Sense} 0.3333333  0.6666667 1.000000     4
[24] {Patriot, Sixth Sense} =>      {Gladiator} 0.3333333  0.8000000 1.371429     4
[25] {Gladiator, Sixth Sense} =>       {Patriot} 0.3333333  0.8000000 1.371429     4
```

▶圖 1.2-1　關聯規則表

　　圖 1.2-1 的兩個符號定義如下：

Lhs=left-hand side

Rhs=right-hand side

代表了關聯衡量中的 $Lift(Lhs \Rightarrow Rhs)$，關聯規則必須指定最小支持度和信賴度，然後產生所有的可能規則與對應的指標，我們一般都看 lift 是否大於 1，或更嚴格。

表 1.2-1　常用之關聯規則演算法

演算法	特點	缺點	搜尋方式	資料配置方式
Apriori	反覆產生候選項目集，找出所有高頻項目集，進而推導規則	需反覆搜尋資料庫，花費 I/O 時間	廣度優先	水平資料配置
Partition Apriori	將資料庫分區段，找出各區段之高頻項目集加以集合，再次搜尋資料庫找出真正高頻項目集	在各區段中會產生較多的非相關項目集	廣度優先	垂直資料配置
DHP	利用雜湊表 (hash table) 刪減不必要的候選項目集	一開始需花時間建立雜湊表	廣度優先	水平資料配置

演算法	特點	缺點	搜尋方式	資料配置方式
MSApriori	在資料項目出現頻率不一致的情況下，挖掘低頻率但重要事件之關聯規則	需多加探討多重最小支持度與演算法中參數的主觀訂定	廣度優先	水平資料配置
FP-Growth	頻率樣式成長為演算法的演繹基礎，可改善 Apriori 無法有效處理大量資料缺點	需較多的額外處理時間及儲存空間來存放 FP-tree	深度優先	水平資料配置

本書不擬介紹所有的演算法，我們先介紹 Apriori。

一、Apriori 演算法

Apriori 演算法由 Agrawal 和 Srikant(1994) 提出，用於在布林關聯規則的數據集中查找頻繁的項目集。顧名思義，該演算法以 Apriori 為名，因為它會使用頻繁的項集屬性的先驗知識。我們採用反覆運算方法或逐級搜索，其中 k 頻繁的專案集用於查找 k+1 項集。為了提高依級別生成頻繁項目集的效率，演算法使用了一個稱為 Apriori 的重要性質，該性質有助於減少搜尋規模。

Apriori 性質：頻繁項目集的所有非空子集合，也都是頻繁的。

此性質隱含 Apriori 假設頻繁項目集的所有子集合所產生的關聯集合，也都是頻繁的。反之，如果某個項目不頻繁，則由其生成的關聯集合也都不頻繁。也就是說，Apriori 演算法的關鍵概念是基於支持度 (support) 具備反單調性 (anti-monotonicity) 限制的性質，解釋如下：

單調性 (monotone)：$\{A \Rightarrow B\}$，則 $\{$非 $B \Rightarrow$ 非 $A\}$。

反單調性 (anti-monotonicity)：$\{$ 非 $A \Rightarrow$ 非 $B\}$，則 $\{B \Rightarrow A\}$。

Apriori 演算法的基礎觀念，可以用下例解說，假設一開始我們的交易記錄有 5 個品項，如下原始表：

TID	Items
T1	I1, I2, I5
T2	I2, I4
T3	I2, I3
T4	I1, I2, I4

TID	Items
T5	I1, I3
T6	I2, I3
T7	I1, I3
T8	I1, I2, I3, I5
T9	I1, I2, I3

令 k 為品項集的商品個數，演算法步驟如下：

第 1 步：k=1

5 個品項的頻次或支持度，製表結果如下名為候選項目集 (candidate itemset)C1：

項目	I1	I2	I3	I4	I5
支持度（頻次）	6	7	6	2	2

假設我們令最小支持度為 2，C1 全收，改稱 C1 為 L1。

第 2 步：k=2（k>1 也稱為 join step）

(A) 基於 L1 的品項，掃描原始表，我們生成 2 個品項 (k=2) 的頻次集合，也就是 C2，如下 k-2 項目集合：

{I1, I2}, {I1, I3}, {I1, I4}, {I1, I5}

$$\{I2, I3\}, \{I2, I4\}, \{I2, I5\}$$

$$\{I3, I4\}, \{I3, I5\},$$

$$\{I4, I5\}$$

(B) 掃描原始表，計算頻次：

項目	I1, I2	I1, I3	I1, I4	I1, I5	I2, I3	I2, I4	I2, I5	I3, I4	I3, I5	I4, I5
頻次	4	4	1	2	4	2	2	0	1	0

再依照 support=2 比對，刪除 4 欄：

項目	I1, I2	I1, I3	I1, I4	I1, I5	I2, I3	I2, I4	I2, I5	I3, I4	I3, I5	I4, I5
頻次	4	4	1	2	4	2	2	0	1	0

最後得到 L2，如下：

項目	I1, I2	I1, I3	I1, I5	I2, I3	I2, I4	I2, I5
頻次	4	4	2	4	2	2

第 3 步：k=3

(A) 基於 L2 的品項 {I1, I2, I3, I4, I5}，有如下 k-3 項目集合：

$$\{I1, I2, I3\}, \{I1, I2, I4\}, \{I1, I2, I5\}$$

$$\{I2, I3, I4\}, \{I2, I3, I5\}$$

$$\{I3, I4, I5\}$$

基於反單調性假設，根據 C2 刪除的項目，以上 6 組 k-3 集合中，只要含有 {I1, I4}, {I3, I4}, {I3, I5}, {I4, I5} 成對項目，均不採用，所以我們的 C3 只有 {I1, I2, I3} 和 {I1, I2, I5} 兩組。

(B) 掃描原始表，計算頻次，再依照 support=2 比對，得如下表 L3：

項目	{I1, I2, I3}	{I1, I2, I5}
頻次	2	2

因為根據 L3 產生的 k-4 項目集合只有 {I1, I2, I3, I5}，檢視原始資料只有 1 組交易 (T8)，小於 support=2 的要求，因此，演算法到第 3 步為止。

接著，我們根據 L1, L2, L3 計算各種關聯的支持度，信賴度和增益度。例如，根據 L3 的 Itemset {I1, I2, I3}，**Lhs $\Rightarrow$ Rhs** 可以產生如下規則：

$[I1 \cap I2] \Rightarrow [I3]$：信賴度 $= \sup(I1 \cap I2 \cap I3)/\sup(I1 \cap I2)$
$$= 2/4*100 = 50\%$$

$[I1 \cap I3] \Rightarrow [I2]$：信賴度 $= \sup(I1 \cap I2 \cap I3)/\sup(I1 \cap I3)$
$$= 2/4*100 = 50\%$$

$[I2 \cap I3] \Rightarrow [I1]$：信賴度 $= \sup(I1 \cap I2 \cap I3)/\sup(I2 \cap I3)$
$$= 2/4*100 = 50\%$$

$[I1] \Rightarrow [I2 \cap I3]$：信賴度 $= sup(I1 \cap I2 \cap I3)/sup(I1) =$
$\qquad$ $2/6*100 = 33\%$

$[I2] \Rightarrow [I1 \cap I3]$：信賴度 $= sup(I1 \cap I2 \cap I3)/sup(I2) =$
$\qquad$ $2/7*100 = 28\%$

$[I3] \Rightarrow [I1 \cap I2]$：信賴度 $= sup(I1 \cap I2 \cap I3)/sup(I3) =$
$\qquad$ $2/6*100 = 33\%$

　　如果最小信賴度為 50%，則前 3 條規則可視為有較強關聯之規則。

　　透過以上說明，我們大致解釋了 Apriori 演算法過程與假設 Anti Monotone 性質在演算過程的用途。我們的範例是小規模項目，當項目多，二元項目矩陣就會龐大，因此，Apriori 演算法可能很慢。主要限制是保存大量候選集合 (candidate itemset) 所需的時間，這些候選集合具有非常頻繁的項集、較低的最小支援或大型項目集合，即對於大量數據來說，這不是一種有效的方法。例如，如果有 10^3 個來自頻繁的 k=1 項目集合，則需要將超過 10^6(4,999,500) 個候選項目生成為 2 個長度，而這些候選項目集合又將被比對測試和累積。此外，要檢測大小為 100 的頻繁模式，它必須生成 2^{100} 個候選項目集合，這些項集會產生成本高昂且浪費時間的候選項。因此，它將檢查候選項集中的許多集，並且還會多次重複掃描資料庫以查找候選項集。以電影為例，上千部影片的觀賞記錄，應該不算多。資料只會日復一日增加，但是記憶體容量卻是有限，實務上，Apriori 將非常低且效率低下。

二、R 實做

承 R Code Chunk 1.3 產生的 itemMatrix 資料 dat，R 套件 arules 的 apriori() 演算函數使用方式如下：

```
DVD=apriori(dat, parameter=list(support=0.1,confid
ence=0.1,maxlen=5))
```

apriori() 演算的結果儲存物件 DVD，演算後的分析可以分解如下：

（一）用 **inspect()** 可以檢視出如圖 **1.2-2** 的結果

```
inspect(DVD)
```

```
> inspect(DVD)
            lhs                       rhs              support   confidence coverage  lift     count
[1]  {}                         => {Harry Potter1} 0.1666667 0.1666667 1.0000000 1.000000 2
[2]  {}                         => {LOTR1}         0.1666667 0.1666667 1.0000000 1.000000 2
[3]  {}                         => {LOTR2}         0.1666667 0.1666667 1.0000000 1.000000 2
[4]  {}                         => {Braveheart}    0.2500000 0.2500000 1.0000000 1.000000 3
[5]  {}                         => {Green Mile}    0.1666667 0.1666667 1.0000000 1.000000 2
[6]  {}                         => {Patriot}       0.5833333 0.5833333 1.0000000 1.000000 7
[7]  {}                         => {Gladiator}     0.5833333 0.5833333 1.0000000 1.000000 7
[8]  {}                         => {Sixth Sense}   0.6666667 0.6666667 1.0000000 1.000000 8
[9]  {LOTR1}                    => {LOTR2}         0.1666667 1.0000000 0.1666667 6.000000 2
[10] {LOTR2}                    => {LOTR1}         0.1666667 1.0000000 0.1666667 6.000000 2
[11] {Braveheart}              => {Patriot}       0.1666667 0.6666667 0.2500000 1.142857 2
[12] {Patriot}                 => {Braveheart}    0.1666667 0.2857143 0.5833333 1.142857 2
[13] {Braveheart}              => {Sixth Sense}   0.1666667 0.6666667 0.2500000 1.000000 2
[14] {Sixth Sense}             => {Braveheart}    0.1666667 0.2500000 0.6666667 1.000000 2
[15] {Green Mile}              => {Sixth Sense}   0.1666667 1.0000000 0.1666667 1.500000 2
[16] {Sixth Sense}             => {Green Mile}    0.1666667 0.2500000 0.6666667 1.500000 2
[17] {Patriot}                 => {Gladiator}     0.5000000 0.8571429 0.5833333 1.469388 6
[18] {Gladiator}               => {Patriot}       0.5000000 0.8571429 0.5833333 1.469388 6
[19] {Patriot}                 => {Sixth Sense}   0.4166667 0.7142857 0.5833333 1.071429 5
[20] {Sixth Sense}             => {Patriot}       0.4166667 0.6250000 0.6666667 1.071429 5
[21] {Gladiator}               => {Sixth Sense}   0.4166667 0.7142857 0.5833333 1.071429 5
[22] {Sixth Sense}             => {Gladiator}     0.4166667 0.6250000 0.6666667 1.071429 5
[23] {Gladiator, Patriot}      => {Sixth Sense}   0.3333333 0.6666667 0.5000000 1.000000 4
[24] {Patriot, Sixth Sense}    => {Gladiator}     0.3333333 0.8000000 0.4166667 1.371429 4
[25] {Gladiator, Sixth Sense}  => {Patriot}       0.3333333 0.8000000 0.4166667 1.371429 4
```

》圖 1.2-2　用 inspect() 檢視滿足條件所探勘出的規則

　　圖 1.2-2 中比圖 1.2-1 多了一欄 coverage，讀者可以自主學習，把 coverage 的定義找出來，後面我們會解說 interest measures 時，會介紹包含 coverage 的更多指標。

（二）summary() 可以將圖 1.2-2 的結果，做簡單摘要，如下圖 1.2-3

```
> summary(DVD)
set of 25 rules

rule length distribution (lhs + rhs):sizes
1  2  3
8 14  3

   Min. 1st Qu.  Median    Mean 3rd Qu.    Max.
   1.0     1.0     2.0     1.8     2.0     3.0

summary of quality measures:
    support         confidence        coverage          lift             count
 Min.   :0.1667   Min.   :0.1667   Min.   :0.1667   Min.   :1.000   Min.   :2.00
 1st Qu.:0.1667   1st Qu.:0.2500   1st Qu.:0.4167   1st Qu.:1.000   1st Qu.:2.00
 Median :0.2500   Median :0.6667   Median :0.5833   Median :1.071   Median :3.00
 Mean   :0.3100   Mean   :0.5811   Mean   :0.6367   Mean   :1.530   Mean   :3.72
 3rd Qu.:0.4167   3rd Qu.:0.8000   3rd Qu.:1.0000   3rd Qu.:1.371   3rd Qu.:5.00
 Max.   :0.6667   Max.   :1.0000   Max.   :1.0000   Max.   :6.000   Max.   :8.00

mining info:
 data ntransactions support confidence
  dat            12     0.1        0.1
                                                                              call
 apriori(data = dat, parameter = list(support = 0.1, confidence = 0.1, maxlen = 5))
```

》圖 1.2-3 演算結果的簡單摘要

　　如果規則很多，像圖 1.2-2 的結果就會太龐大，我們就可以用以下語法，簡單查詢有多少規則：

> DVD@lhs@data@Dim
[1] 10 25

10 是指品項數，25 是指規則總數。

（三）視覺化分析。我們利用以下方式進行視覺化分析

```
plot(DVD,
    measure=c("confidence", "lift"),
    shading="support",
    control=list(jitter=6))
```

如圖 1.2-4。

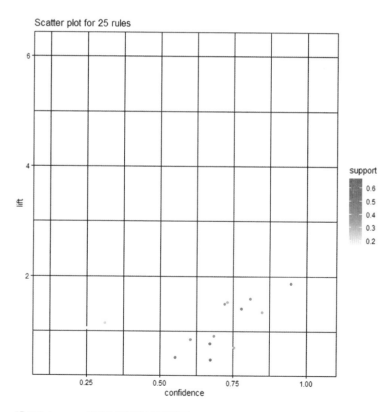

》圖 1.2-4　關聯規則結果簡圖

圖 1.2-4 的兩軸，對應繪圖函數內的 measure=c
("confidence", "lift")，要修改也很直覺。因為 lift 放在
Y 軸，所以，我們只需要關注水平線 1 以上的點即
可。視覺化技術適用於規則數量極大的狀況，透過這
種方法，我們可以提高 lift 或 support 的值，以萃取
強度更高的規則。後面會陸續介紹。

其次，如果規則沒有太多，我們可以在 plot() 內
宣告 method="grouped"，把規則和指標並列一圖，如
下：

```
plot(DVD,
    method="grouped")
```

結果如圖 1.2-5。

R 圖框，X 軸為 1，順時針遞增，圖 1.2-5 框的
邊 3 和邊 4，分別是規則 LHS 和 RHS，圖 1.2-2 的
25 條規則完全顯示在圖內，從 LHS 左邊開始，是圖
1.2-2 的第 9 條規則，下標 1 代表 {LOTR1} 只對應
RHS 的 1 個品項。依序至最右邊，出現 {Gladiator,
Patriot} 9 條規則，但是，我們 RHS 只有 8 項，這是
出現什麼問題？這是製圖為了節省一維的緣故，因
為一般與第 23 條規則 {Gladiator, Patriot} 對應的這

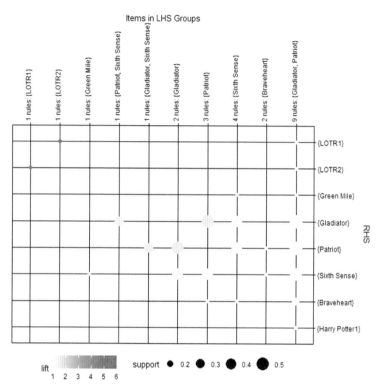

》圖 1.2-5　含規則的視覺化

欄，是圖 1.2-2 的前 8 項，然後，因為第 23 條規則
{Gladiator, Patriot} 對應 {Six Senses} 之 lift=1，第 8
條規則的單項 {Six Senses} 之 lift 一樣，所以就將之
覆蓋，這樣就出現 25 條規則。

　　其實我們不需前 8 條單項的資訊，因為只用於

support 篩選基本基數，沒有特別的意義。所以，關聯規則事實上只有 17 條，解決方法就是拿掉前 8 條：

DVD=DVD[-c(1:8),]

然後重畫圖 1.2-5，如圖 1.2-6。

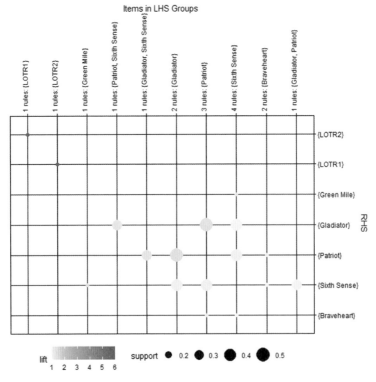

▶▶ 圖 1.2-6　重新繪製的圖 1.2-5

　　圖 1.2-6 就是 17 條規則，單項 support 完全沒有了。

　　此次有一個 R 的程式問題，就是 DVD[-c(1:8),] 中使用了手動的 1:8，請問如何將之與之前資訊連動？一個簡易作法就是利用 itemFrequency(dat)>0.1 產生 TRUE/FALSE，再計算長度就可以用 -seq() 連動處理，讀者可以試試看。關聯規則視覺化還有一項互動呈現的方法，如下：

```
plot(DVD, method="grouped", engine = "interactive")
```

　　這個效果就必須執行語法才能看到，紙面就無法呈現動態互動效果。

　　視覺化的最後一張圖，就是網狀成呈現關係，語法如下：

```
plot(DVD, method="graph")
```

　　結果如圖 1.2-7。

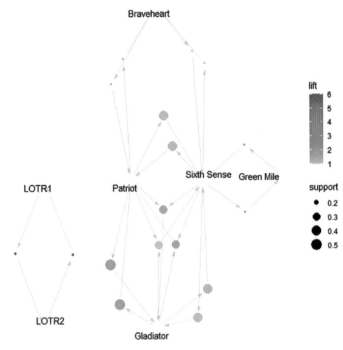

▶圖 1.2-7　網狀成呈現的結果

　　圖 1.2-7 兩個商品之間的射線，會先指向一個
圓圈，這個圓圈就是右邊的熱力柱：lift 看色彩，
support 看大小。基本上，這張圖可以簡化規則表，
但是，規則太多，品項太多，這樣的方法，不利視覺
呈現。接下來會介紹不分規則的擷取，將規則量縮
小，再用這個方法，或許比較好。

（四）擷取部分規則

圖 1.2-2 的關聯規則，在數據量大的時候，會演算出大量規則。因此，分析者必須要有問題意識，輸入條件，再予以部分擷取。方法如下：

> DVDx <- subset(DVD, subset=rhs %in% "Patriot" & lift>1)

語法中主要是函數內的 **subset=rhs %in% "Patriot" & lift>1** 這個條件。這個條件限定右邊的品項必須有電影 *Patriot* 而且增益值必須大於 1。然後用 inspect(DVDx) 檢視結果，如圖 1.2-8。

```
                          lhs                rhs    support confidence     lift count
[1]             {Braveheart} => {Patriot} 0.1666667  0.6666667 1.142857     2
[2]              {Gladiator} => {Patriot} 0.5000000  0.8571429 1.469388     6
[3]             {Sixth Sense} => {Patriot} 0.4166667  0.6250000 1.071429     5
[4] {Gladiator, Sixth Sense} => {Patriot} 0.3333333  0.8000000 1.371429     4
```

》圖 1.2-8　inspect(DVDx) 的結果

((•)) **練習問題**

請修改排序條件，呈現規則。

((•)) **練習問題**

承前，繪製如圖 1.2-7 的網狀結構。

除此，還可以排序再顯示，如圖 1.2-9 依照 support 由大到小排序：

inspect((sort(DVD, by="support")))

```
                          lhs              rhs  support confidence      lift count
[1]              {Patriot} =>     {Gladiator} 0.5000000  0.8571429 1.469388     6
[2]            {Gladiator} =>       {Patriot} 0.5000000  0.8571429 1.469388     6
[3]              {Patriot} => {Sixth Sense} 0.4166667  0.7142857 1.071429     5
[4]          {Sixth Sense} =>       {Patriot} 0.4166667  0.6250000 1.071429     5
[5]            {Gladiator} => {Sixth Sense} 0.4166667  0.7142857 1.071429     5
[6]          {Sixth Sense} =>     {Gladiator} 0.4166667  0.6250000 1.071429     5
[7]    {Gladiator, Patriot} => {Sixth Sense} 0.3333333  0.6666667 1.000000     4
[8]    {Patriot, Sixth Sense} =>   {Gladiator} 0.3333333  0.8000000 1.371429     4
[9] {Gladiator, Sixth Sense} =>     {Patriot} 0.3333333  0.8000000 1.371429     4
[10]                {LOTR1} =>         {LOTR2} 0.1666667  1.0000000 6.000000     2
[11]                {LOTR2} =>         {LOTR1} 0.1666667  1.0000000 6.000000     2
[12]           {Braveheart} =>       {Patriot} 0.1666667  0.6666667 1.142857     2
[13]              {Patriot} =>   {Braveheart} 0.1666667  0.2857143 1.142857     2
[14]           {Braveheart} => {Sixth Sense} 0.1666667  0.6666667 1.000000     2
[15]          {Sixth Sense} =>   {Braveheart} 0.1666667  0.2500000 1.000000     2
[16]           {Green Mile} => {Sixth Sense} 0.1666667  1.0000000 1.500000     2
[17]          {Sixth Sense} =>   {Green Mile} 0.1666667  0.2500000 1.500000     2
```

》圖 1.2-9　關聯規則依照 support 由大到小排序

sort() 是取出頻繁交易的項目集 (the frequent itemsets) 的方法。inspect() 則是產生 lhs → rhs 的關聯規則。

((•)) 練習問題

請修改排序條件，呈現規則。

（五）更多的關聯程度衡量指標：interest measures

　　這個 interest measures，有些中文文獻翻譯成「有趣性指標」，略微詞不達意。Interest 雖常用於 interesting 這樣的用法，但是，就像 interest 也表示利息，我們不能這樣翻譯吧？類似利害關係人，名詞 interest 在此處意指「利害關係」，所以譯成「利益關係指標」，更能表示它的意義。

　　利益關係可能會有些許主觀，如果規則是使用者意想不到的，有明確商業目標並且實務上可操作，那麼規則衡量的資訊，會有參考價值。利益關係指標有很多，例如以下兩個：

$$\text{Added value: } AV(X \to Y) = \frac{\text{supp}(X \to Y)}{\text{supp}(X)} - \text{supp}(Y)$$

$$= \text{conf}(X - Y) - \text{supp}(Y)$$

$$\text{Conviction: } CV(X \to Y) = \frac{1 - \text{supp}(Y)}{1 - \text{conf}(X \to Y)}$$

　　R 語法上使用 interestMeasure()，含本書用的 3 個，共提供 51 個指標，如圖 1.2-10。

```
> names(interestMeasure(DVD))
 [1] "support"          "confidence"        "lift"               "count"               "addedvalue"
 [6] "boost"            "casualConfidence"  "casualSupport"      "centeredConfidence"  "certainty"
[11] "chiSquared"       "collectiveStrength" "confirmedConfidence" "conviction"         "cosine"
[16] "counterexample"   "coverage"          "doc"                "fishersExactTest"    "gini"
[21] "hyperConfidence"  "hyperLift"         "imbalance"          "implicationIndex"    "importance"
[26] "improvement"      "jaccard"           "jMeasure"           "kappa"               "kulczynski"
[31] "lambda"           "laplace"           "leastContradiction" "lerman"              "leverage"
[36] "maxconfidence"    "mutualInformation" "oddsRatio"          "phi"                 "ralambondrainy"
[41] "relativeRisk"     "rhsSupport"        "RLD"                "rulePowerFactor"     "sebag"
[46] "stdLift"          "table.n11"         "table.n01"          "table.n10"           "table.n00"
[51] "varyingLiaison"   "yuleQ"             "yuleY"
```

▶▶圖 1.2-10　所有指標數

這 51 個指標的概念，用規則來解說會更清楚知道如何使用。因為 51 個太多，所以，我將之轉置 90度，如圖 1.2-11，前 3 個就是本章使用的。

	[,1]	[,2]	[,3]	[,4]	[,5]	[,6]	[,7]	[,8]	[,9]	[,10]	[,11]	[,12]	[,13]	[,14]	[,15]	[,16]	[,17]
support	0.17	0.17	0.17	0.17	0.17	0.17	0.17	0.17	0.50	0.50	0.42	0.42	0.42	0.42	0.33	0.33	0.33
confidence	1.00	1.00	0.67	0.29	0.67	0.25	1.00	0.25	0.86	0.86	0.71	0.62	0.71	0.62	0.67	0.80	0.80
lift	6.00	6.00	1.14	1.14	1.00	1.00	1.50	1.50	1.47	1.47	1.07	1.07	1.07	1.07	1.00	1.37	1.37
count	2.00	2.00	2.00	2.00	2.00	2.00	2.00	2.00	6.00	6.00	5.00	5.00	5.00	5.00	4.00	4.00	4.00
addedvalue	0.83	0.83	0.08	0.04	0.00	0.00	0.33	0.08	0.27	0.27	0.05	0.04	0.05	0.04	0.00	0.22	0.22
boost	Inf	Inf	Inf	Inf	Inf	Inf	Inf	Inf	Inf	Inf	Inf	Inf	Inf	Inf	0.93	0.93	0.93
casualConfidence	1.00	1.00	0.96	0.80	0.96	0.77	1.00	0.69	0.98	0.98	0.96	0.93	0.96	0.93	0.95	0.97	0.97
casualSupport	0.33	0.33	0.67	0.00	0.75	-0.08	0.83	-0.17	1.00	1.00	0.92	0.75	0.92	0.75	0.83	0.83	0.83
centeredConfidence	0.83	0.83	0.08	0.04	0.00	0.00	0.33	0.08	0.27	0.27	0.05	0.04	0.05	0.04	0.00	0.22	0.22
certainty	1.00	1.00	0.20	0.05	0.00	0.00	1.00	0.10	0.66	0.66	0.14	0.10	0.14	0.10	0.00	0.52	0.52
chiSquared	12.00	12.00	0.11	0.11	0.00	0.00	1.20	1.20	5.18	5.18	0.17	0.17	0.17	0.17	0.00	1.66	1.66
collectiveStrength	Inf	Inf	2.97	2.97	1.95	1.95	3.91	3.91	14.24	14.24	2.09	2.09	2.09	2.09	1.66	6.30	6.30
confirmedConfidence	1.00	1.00	0.33	-0.43	0.33	-0.50	1.00	-0.50	0.71	0.71	0.43	0.25	0.43	0.25	0.33	0.60	0.60
conviction	Inf	Inf	1.25	1.05	1.00	1.00	Inf	1.11	2.92	2.92	1.17	1.11	1.17	1.11	1.00	2.08	2.08
cosine	1.00	1.00	0.44	0.41	0.41	0.50	1.00	0.50	0.86	0.86	0.67	0.67	0.67	0.67	0.58	0.68	0.68
counterexample	1.00	1.00	0.50	-1.50	0.50	-2.00	1.00	-2.00	0.83	0.83	0.60	0.40	0.60	0.40	0.50	0.75	0.75
coverage	0.17	0.17	0.25	0.58	0.25	0.67	0.17	0.67	0.58	0.58	0.58	0.67	0.58	0.67	0.50	0.42	0.42
doc	1.00	1.00	0.11	0.09	0.00	0.00	0.40	0.25	0.66	0.66	0.11	0.12	0.11	0.12	0.00	0.37	0.37
fishersExactTest	0.02	0.02	0.64	0.64	0.76	0.76	0.42	0.42	0.05	0.05	0.58	0.58	0.58	0.58	0.73	0.25	0.25
gini	0.28	0.28	0.00	0.00	0.00	0.00	0.04	0.03	0.21	0.21	0.01	0.01	0.01	0.01	0.00	0.07	0.07
hyperConfidence	0.98	0.98	0.36	0.36	0.24	0.24	0.58	0.58	0.95	0.95	0.42	0.42	0.42	0.42	0.27	0.75	0.75
hyperLift	1.00	1.00	0.67	0.67	0.67	0.67	1.00	1.00	1.00	1.00	0.71	0.71	0.71	0.71	0.67	0.80	0.80
imbalance	0.00	0.00	0.56	0.56	0.56	0.56	0.75	0.75	0.00	0.00	0.10	0.10	0.10	0.10	0.00	0.20	0.20
implicationIndex	-1.29	-1.29	-0.22	-0.11	0.00	0.00	-0.82	-0.26	-1.12	-1.12	-0.22	-0.18	-0.22	-0.18	0.00	-0.75	-0.75
importance	0.95	0.95	0.04	0.07	-0.03	-0.05	0.11	0.26	0.43	0.43	0.07	0.08	0.07	0.08	0.00	0.21	0.21
improvement	1.00	1.00	0.67	0.29	0.67	0.25	1.00	0.25	0.86	0.86	0.71	0.62	0.71	0.62	-0.05	-0.06	-0.06
jaccard	1.00	1.00	0.25	0.23	0.22	0.22	0.25	0.25	0.75	0.75	0.50	0.50	0.50	0.50	0.40	0.50	0.50
jMeasure	NaN	NaN	0.00	0.00	0.00	0.00	NaN	0.01	0.10	0.10	0.00	0.00	0.00	0.00	0.00	0.35	0.35
kappa	1.00	1.00	0.08	0.08	0.00	0.00	0.18	0.18	0.66	0.66	0.12	0.12	0.12	0.12	0.00	0.36	0.36
kulczynski	1.00	1.00	0.48	0.48	0.46	0.46	0.62	0.62	0.86	0.86	0.67	0.67	0.67	0.67	0.58	0.69	0.69
lambda	1.00	1.00	0.00	0.00	0.00	0.00	0.00	0.00	0.60	0.60	0.00	0.00	0.00	0.00	0.00	0.20	0.20
laplace	0.75	0.75	0.60	0.33	0.60	0.30	0.75	0.30	0.78	0.78	0.67	0.60	0.67	0.60	0.62	0.71	0.71
leastcontradiction	1.00	1.00	0.29	0.67	0.25	0.67	0.25	1.00	0.86	0.86	0.62	0.71	0.62	0.71	0.50	0.57	0.57
lerman	2.89	2.89	0.19	0.19	0.00	0.00	0.58	0.58	0.95	0.95	0.15	0.15	0.15	0.15	0.00	0.63	0.63
leverage	0.14	0.14	0.02	0.02	0.00	0.00	0.16	0.16	0.03	0.03	0.03	0.03	0.03	0.03	0.00	0.09	0.09
maxconfidence	1.00	1.00	0.67	0.67	0.67	0.67	1.00	1.00	0.86	0.86	0.71	0.71	0.71	0.71	0.67	0.80	0.80
mutualInformation	NaN	NaN	0.01	0.01	0.00	0.00	NaN	NaN	0.34	0.34	0.01	0.01	0.01	0.01	0.00	0.11	0.11
oddsRatio	Inf	Inf	1.60	1.60	1.00	1.00	Inf	Inf	24.00	24.00	1.67	1.67	1.67	1.67	1.00	5.33	5.33
phi	1.00	1.00	0.10	0.10	0.00	0.00	0.32	0.32	0.66	0.66	0.12	0.12	0.12	0.12	0.00	0.37	0.37
ralambondrainy	0.00	0.00	0.08	0.42	0.08	0.50	0.00	0.50	0.08	0.08	0.17	0.25	0.17	0.25	0.17	0.08	0.08
relativeRisk	Inf	Inf	1.20	1.43	1.00	1.00	1.67	Inf	4.29	4.29	1.19	1.25	1.19	1.25	1.00	1.87	1.87
rhsSupport	0.17	0.17	0.58	0.25	0.67	0.25	0.67	0.17	0.58	0.58	0.67	0.58	0.67	0.58	0.50	0.58	0.58
RLD	1.00	1.00	0.20	0.20	0.00	0.00	1.00	1.00	0.66	0.66	0.14	0.14	0.14	0.14	0.00	0.52	0.52
rulePowerFactor	0.17	0.17	0.11	0.05	0.11	0.04	0.17	0.04	0.43	0.43	0.30	0.26	0.30	0.26	0.22	0.27	0.27
sebag	Inf	Inf	2.00	0.40	2.00	0.33	Inf	0.33	6.00	6.00	2.50	1.67	2.50	1.67	2.00	4.00	4.00
stdLift	1.00	1.00	0.44	0.44	0.44	0.44	1.00	1.00	0.80	0.80	0.50	0.50	0.50	0.50	0.74	0.74	0.74
table.n11	2.00	2.00	2.00	2.00	2.00	2.00	2.00	2.00	6.00	6.00	5.00	5.00	5.00	5.00	4.00	4.00	4.00
table.n01	0.00	0.00	1.00	6.00	1.00	6.00	1.00	6.00	1.00	1.00	2.00	3.00	2.00	3.00	4.00	3.00	3.00
table.n10	0.00	0.00	1.00	5.00	1.00	6.00	0.00	6.00	1.00	1.00	2.00	3.00	2.00	3.00	2.00	1.00	1.00
table.n00	10.00	10.00	4.00	4.00	3.00	3.00	4.00	4.00	4.00	4.00	2.00	2.00	2.00	2.00	2.00	4.00	4.00
varyingLiaison	5.00	5.00	0.14	0.14	0.00	0.00	0.50	0.50	0.47	0.47	0.07	0.07	0.07	0.07	0.00	0.37	0.37
yuleQ	NaN	NaN	0.23	0.23	0.00	0.00	NaN	NaN	0.92	0.92	0.25	0.25	0.25	0.25	0.00	0.68	0.68
yuleY	NaN	NaN	0.12	0.12	0.00	0.00	NaN	NaN	0.66	0.66	0.13	0.13	0.13	0.13	0.00	0.40	0.40

▶▶圖 1.2-11　對應 17 條關聯規則的 51 個指標

這些指標不是用來產生規則，17 條關聯規則的產生，是依據基本的 support 和 confidence，這些規則主要用來擷取部分規則 subset，如圖 1.2-8。這些額外指標，若要細說，一則占篇幅，二則太繁瑣，自行找資料其實也很容易，所以本章設計三個問題，讓有興趣的讀者深入。

((•)) **練習問題**

前述兩個利益關係指標 (AV, Conviction)，請問可以由其公式，解說其測量的內涵嗎？

((•)) **練習問題**

承上，依照 AV 和 Conviction 篩選出來的規則，有多少差異？

((•)) **練習問題**

指標中的 "casualConfidence" 和 "casualSupport" 是提取因果資訊，請找出它們的公式，並解說這兩個指標衡量的因果關係為何？

第三節　其他方法

　　關聯規則分析的演算法很多，例如，有基於 apriori 的 Apriori-gen（生成演算法）、Apriori-Hash tree（雜湊樹）、Maximal Frequent Itemsets、Generator Frequent Itemsets 和 Closed Frequent Itemsets 等等演算法，在相關會議中，每年都會現許許多多的演算法，眞是族繁難以備載。本書不擬在這些方法的細節上著墨，借用此章，簡單介紹兩種方法：Frequent Pattern-Growth 和 ECLAT 兩種，並以實做代入。

一、關聯規則演算法之三：FP-Growth

　　Frequent Pattern-Growth 簡稱 FP-Growth，顧名思義，這是以頻繁交易項目集爲基礎，將項目之間衍生的形態辨識出來。例如，我們假設面對 5 筆交易記錄，如下：

tID	Items
T1	E, K, M, N, O, Y
T2	D, E, K, N, O, Y
T3	A, E, K, M

tID	Items
T4	C, K, M, U, Y
T5	C, E, I, K, O

可以整理為如下 {Item, Frequency} 兩欄：

Item	Frequency
A	1
C	2
D	1
E	4
I	1
K	5
M	3
N	2
O	3
U	1
Y	3

下一步，刪除 support<3 的項目，再予以依照字母排序，如下：

tID	Items	Ordered items
T1	E, K, M, N̶, O, Y	K, E, M, O, Y
T2	D̶, E, K, N̶, O, Y	K, E, O, Y
T3	A̶, E, K, M	K, E, M
T4	C̶, K, M, U̶, Y	K, M, Y
T5	C̶, E, I̶, K, O	K, E, O

最後，我們可以得到有序項目集，如下：

Ordered Itemset: {K=5, E=4, M=3, O=3, Y=3}

根據上表，FP Tree 可以由下往上繪製，如下：

FP TREE

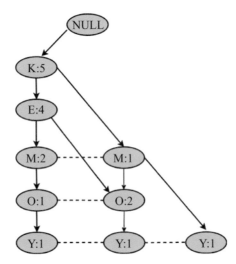

▶▶圖 1.3-1　FP Tree

因此，Frequent Pattern 成長路徑，產生的結果如下表：

Items	生成之 FP
Y	{K, Y}:3
O	{K, O}:3, {E, O}:3, {E, K, O}:3
M	{K, M}:3
E	{E, K}:3

接下來就可以計算 confidence 和 lift 兩個值來判斷關聯規則。

二、關聯規則演算法之二：ECLAT

ECLAT 全名是：Equivalence Class Clustering and bottom-up Lattice Traversal。它是關聯規則探勘的流行方法之一，它是有效率的 Apriori 演算版，具有相當的可擴展性。Apriori 演算法在水平方向模仿圖形的廣度優先搜索，ECLAT 演算法則以垂直方式工作，就像圖形的深度優先搜索一樣。ECLAT 演算法的這種垂直方法使其成為比 Apriori 演算法更快的演算法。ECLAT 的基本想法是使用交易 ID 集 (tidsets) 彼此的交集，來計算候選者品項的支持度值，並避免生成前綴樹中不存在的子集。在函數的第一次呼叫使用中，所有單品項，都與其交易 ID 集一起使用。然後遞迴呼叫該函數，在每次遞迴呼叫中，驗證品項對的組合。此過程持續進行，直到沒有候選品項對可以組合為止。

為避免抽象，我們循前例，由交易記錄出發：

Transaction Id	Bread	Butter	Milk	Coke	Jam
T1	1	1	0	0	1
T2	0	1	0	1	0
T3	0	1	1	0	0
T4	1	1	0	1	0
T5	1	0	1	0	0
T6	0	1	1	0	0
T7	1	0	1	0	0
T8	1	1	1	0	1
T9	1	1	1	0	0

這筆資料和之前介紹 Apriori 的二元資料一樣。Apriori 是以交易 ID(TID) 為主，由上而下進行資料的列掃描。ECLAT 則是以商品項為主，由左至右進行資料的列掃描。這樣，我們是不是發現，ECLAT 的掃描維度是固定的，基本上不會與日俱增。

第 1 步：k=1，最小支持度 =2，得到以下結果

Item	TID 集合
Bread	{T1, T4, T5, T7, T8, T9}
Butter	{T1, T2, T3, T4, T6, T8, T9}
Milk	{T3, T5, T6, T7, T8, T9}
Coke	{T2, T4}
Jam	{T1, T8}

第 2 步：k=2，最小支持度 =2，得到以下結果

Item	TID 集合
{Bread, Butter}	{T1, T4, T8, T9}
{Bread, Milk}	{T5, T7, T8, T9}
{Bread, Coke}	{T4}
{Bread, Jam}	{T1, T8}
{Butter, Milk}	{T3, T6, T8, T9}
{Butter, Coke}	{T2, T4}
{Butter, Jam}	{T1, T8}
{Milk, Jam}	{T8}

第 3 步：k=3，最小支持度 =2，得到以下結果

Item	TID 集合
{Bread, Butter, Milk}	{T8, T9}
{Bread, Butter, Jam}	{T1, T8}

第 4 步：**k=4**，最小支持度**=2**，得到以下結果

Item	TID 集合
{Bread, Butter, Milk, Jam}	{T8}

因為 k=5 是空集合，我們就停在 k=4。最後依據前四步，推薦結果如下：

已購品項	推薦結果
Bread	Butter
Bread	Milk
Bread	Jam
Butter	Milk
Butter	Coke
Butter	Jam
Bread and Butter	Milk
Bread and Butter	Jam

以上介紹雖然簡單扼要，但是，我們會發現 ECLAT 演算法相當簡單，從電腦的角度，比 Apriori 演算法有以下優勢：

（一）記憶體優勢：ECLAT 採用 Depth-First Search 途徑，因此在搜尋過程，對記憶體需求低於 Apriori 演算法。

（二）速度：ECLAT 演算法比 Apriori 演算法快很多。

（三）低重複計算：計算支持度時，ECLAT 演算法不需要對資料重新掃描。

三、R 實做

套件 arules 內有一個一般化的函數 fim4r()，這是一個 wrapper，將多數演算法置入，只要簡單宣告 method 即可。如下：

```
fpG=fim4r(dat, method = "fpgrowth", target =
"rules", supp = .1, conf = .1)
inspect(sort(fpG, by="lift"))
```

這樣就可以使用 FP-Growth 方法。fim4r() 這個 wrapper 可以宣告多個方法，有興趣以及有需要的讀者可以自行深入。

雖然，ECLAT 也可以利用 fim4r() 宣告 method="eclat"，但是，最好的方法是直接執行 eclat() 函數。這是因為用 fim4r 產生的 output 物件，接下來的一些函數不能用。例如，萃取關聯規則的 ruleInduction()。

第 1 步：轉換為交易資料

不轉換為交易資料也無妨，接續用 itemMatrix 也可以。

```
newdata1=as(dat, c("itemMatrix", "transactions")[2])
```

第 2 步：執行 eclat() 函數

```
itemsets = eclat(newdata1, parameter = list
(supp = 0.1))
inspect(itemsets)
supportingTransactions(itemsets, newdata1)
```

以上 3 行指令不會產生規則，只會產生符合支持度的集合，規則提取，則如下：

第 3 步：建構關聯規則提取

```
rules = ruleInduction(itemsets, confidence = 0.1)
inspect(rules)
```

這樣就是規則提取。

取出「頻繁交易的項目集」，一樣使用前述 sort 指令即可。本節範例用的資料規模較小，所以感覺不出 eclat 的速度。讀者可以採用 arules 套件內建的資料 Income 和 Adult，就可以發現差異。設計成練習問題：

(((•))) **練習問題**

使用 arules 套件內建資料集 data(Income) 和 data (Adult)，資料表定義請查詢軟體內建的說明檔。試回答以下問題：

（一）解釋兩筆資料的屬性。

（二）比較不同演算法的結果和速度。

第 二 章

推薦演算之二：
評分資料分析 Real Rating

　　評分資料很常見於調查和問卷，比起第一章的二元，更能顯示消費者的喜好程度，也就是感官。例如，電影評分網站的 1-5 分（越高分即喜好程度越好），還有讀書網的評分，多種雞尾酒試喝後的問卷也是如此形式。評分資料稱爲 Real Ratings，意指以實數 (real number) 作爲感官偏好的測量值，原始資料長得像圖 2.1-1。

　　評分原始資料有 3 欄：第 1 欄是使用者 (user) 代碼欄，評過多少電影，就有多少觀察值。第 2 欄是品項 (item) 名稱，此例爲電影。第 3 欄是分數 (rating)，1-5 分，越高分即喜好程度越好。這筆資料，使用者有 943 位，每個人看的電影都不同，評分也各異。所以，處理這類資料結構，必須將之做成資料表 (data table) 才能分析，也就是取品項的聯集爲欄，943 位閱聽人，一共看了 1,664 部電影。從第 1 位看了 271 部電影的結果來看，每個人差異極大，沒看的電影，

	A	B	C
1	user	item	rating
260	1	George of the Jungle (1997)	1
261	1	Event Horizon (1997)	1
262	1	Air Bud (1997)	1
263	1	In the Company of Men (1997)	3
264	1	Steel (1997)	1
265	1	Mimic (1997)	2
266	1	Hunt for Red October, The (1990)	4
267	1	Kull the Conqueror (1997)	1
268	1	unknown	4
269	1	Full Monty, The (1997)	5
270	1	Gattaca (1997)	5
271	1	Starship Troopers (1997)	2
272	1	Good Will Hunting (1997)	3
273	2	Toy Story (1995)	4
274	2	Richard III (1995)	2
275	2	Mighty Aphrodite (1995)	4
276	2	Postino, Il (1994)	4
277	2	Antonia's Line (1995)	3
278	2	Birdcage, The (1996)	4
279	2	Star Wars (1977)	5
280	2	Fargo (1996)	5
281	2	Truth About Cats & Dogs, The (1996)	4
282	2	Godfather, The (1972)	5
283	2	Jerry Maguire (1996)	4

▶️ 圖 2.1-1　評分原始資料

就補上 0 或 NA。也就是說，當我們將之處理成 Real
Rating Matrix 時，會是一個 943×1664 且充滿 0 的稀
疏矩陣 (sparse matrix)。和第一章圖 1.1-1 一樣，只是
不是二元 {0, 1}，而是 {NA, 1, 2, 3, 4, 5} 或 {0, 1, 2, 3,
4, 5}。

因此，當軟體轉換完成龐大稀疏矩陣後，就不再顯示資料於螢幕，只顯示維度資訊。

第一節　Real Rating 資料處理

Real Rating 的矩陣長得如圖 2.1-2，從項目之間的方向（行），也就是左右的方向，可以計算項目和項目的關聯性；由顧客之間方向（列），也就是上下的方向，可以計算顧客之間的關聯性。一般以 R(u, i) 描述此矩陣內的元素。對於 Real Rating 呈現的感官評分，計算偏好關聯性，可以推估相似度，再進行推薦。例如，如果我們發現 {a, c} 兩位的電影偏好相似度很高，就可以依此推薦兩位最適合的 N 部電影。

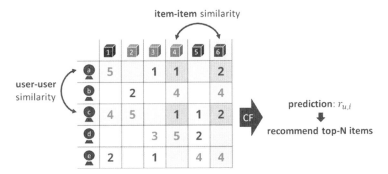

▶ 圖 2.1-2　Real Rating 矩陣示意圖

同理，如果我們發現 {4, 6} 兩部電影的顧客相似度很高，就可以依此推薦兩部電影最適合的 N 位顧客。

一、衡量關聯程度──相似度計算

在圖 2.1-2 的資料結構，通常計算相似程度的有兩種：Pearson 和 Cosine。Pearson 是初級統計學最通用的（類似還有 Kendall & Spearman 兩個測量方法），故不贅述。Cosine 則是在集群分析中很常用的方法，如果有兩欄資料 A 和 B，Cosine 定義為：

$$\frac{A \times B}{\sqrt{\|A\|}\sqrt{\|B\|}}$$

在 R 裡面，會將 (-1, 1) 的測度區間，轉換為 (0, 1) 區間。另 S 為相似度，轉換方法為 $\frac{1}{2}(S+1)$。

二、解釋性資料分析

兩個需要的套件如下：

```
library(recommenderlab)
library(ggplot2)
```

我們讀取圖 2.1-1 的 csv 格式資料，也是 recommenderlab 的內建評分資料，如下：

```
temp=read.csv("data/MovieLense.csv")
```

接下來，類似第一章的二元交易矩陣，我們將之轉換為 Real Rating Matrix：

```
MovieLense=as(temp, "realRatingMatrix")
```

轉換完，我們就只能看到維度資訊，整個大矩陣就不會顯示在螢幕。如果要還原成資料表，可以用以下指令：

```
DF=getData.frame(MovieLense)
```

用 subset(DF, user==1) 看一下第 1 位使用者看了多少電影：

```
> dim(subset(DF,user==1))
[1] 271   3
```

（一）相似度 (similarity)

計算相似度函數為 similarity()，如下：

```
similarity_users <- similarity(MovieLense[1:5, ],
                               method = "cosine",
                               which = c("users", "items")[1])
```

method 是計算相關性的方法，有 3 個："cosine", "pearson", "jaccard"。"jaccard" 是計算二元資料用的，評分資料用前兩個。

which 是指計算的方向。資料表橫列是觀察值，變數是垂直欄，在 Real Rating Matix 中，直欄變數就是 item，橫列觀察值是 users；故相關係數是指變數之間，當我們選 "users" 時，函數會把資料轉置 (transpose)；選 "items" 時，就是資料原樣貌。以上語法畫的 image 熱力圖，如圖 2.1-3，和關聯規則的解讀完全一樣。先轉換成矩陣，在畫圖，語法如下：

```
similarity_users_as_matrix=as.matrix(similarity_users)
dev.new();image(similarity_users_as_matrix,
               main = "User similarity")
```

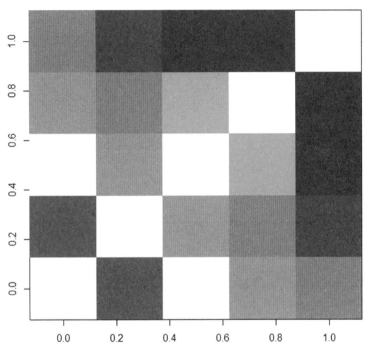

》圖 2.1-3　前五個品項 cosine 相似度

((•)) **練習問題**

請繪製一個如圖 2.1-3 的 item-based 相似度矩陣。

（二）評分分布 —— 應用長條圖 (bar chart)

評分數字為 0, 1, 2, 3, 4, 5 共 6 個整數。我們的目的是想透過視覺化方法，看一看整個評分矩陣中，有多少是 0（沒人看，沒評分），有多少是 5（高滿意度）。以如下方法取出無維度的數字：

```
vector_ratings = as.vector(MovieLense@data)
unique(vector_ratings)
> unique(vector_ratings)
[1] 5 4 0 3 1 2
Levels: 0 1 2 3 4 5
```

上述顯示可知分數介於 0~5 區間整數，我們用 table() 計算頻次[1]：

```
table_ratings = table(vector_ratings)
> table_ratings
vector_ratings
      0       1       2       3       4       5
1469760    6059   11307   27002   33947   21077
```

看輸出結果可以知道缺評分的最多，扣除沒看的，極端的 {1, 5} 最少，{2, 4} 較多。因為 0 分的太多，影響視覺化相對效果，故我們排除 0 分的：

```
vector_ratings = vector_ratings[vector_ratings != 0]
```

1　也可以用 summary.factor()。

因為資料是整數 1~5 區間的整數，所以用長條圖 (bar chart) 來視覺化如下：

```
vector_ratings_DF=data.frame(ID=seq(length(vector_ratings)),
                              rating=vector_ratings)
ggplot(vector_ratings_DF,aes(x=rating)) +
geom_bar() +
ggtitle("Distribution of the ratings") +
xlab("Ratings")
```

結果如圖 2.1-4，多數高於 2 分，最多的是 4 分。

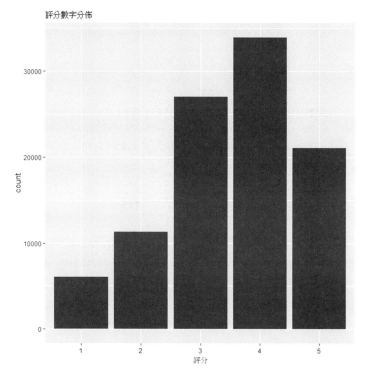

▶圖 2.1-4　評分數字分布

（三）哪些電影有人看？

我們可以利用兩個函數擷取「哪些電影有人看？」或「哪些人看了多少電影？」一類的問題：

colCounts：計算每行 (column) 非 0 的數量。

colMeans：計算每行 (column) 的平均數。

利用上述函數，我們可以很輕易地處理這類問題。例如，被選播最多的電影是哪些？我們可以利用 colCounts 來取得資訊。

首先，我們計算每部電影的被看次數：

views.per.movie = colCounts(MovieLense)

views.per.movie 的形狀用 as.data.frame 可以一目了然，如下圖 2.1-5。

```
> head(as.data.frame(views.per.movie))
                            views.per.movie
'Til There Was You (1997)                 9
1-900 (1994)                              5
101 Dalmatians (1996)                   109
12 Angry Men (1957)                     125
187 (1997)                               41
2 Days in the Valley (1996)              93
```

▶圖 2.1-5　as.data.frame(views.per.movie))

由上圖可知道，我們必須將之列名稱轉成資料表的一欄，以 data.frame 的形式完成，如下物件 table.
views：

```
table.views = data.frame(
  movie = names(views.per.movie),
  views = views.per.movie
  )
```

然後，遞增排序：

```
table.views = table.views[order(table.views$views,
decreasing = TRUE), ]
```

最後就是視覺化看一看結果，我們看排名前 10
的電影，程式碼如下，結果如圖 2.1-6。

```
ggplot(table.views[1:10, ], aes(x = movie, y = views)) +
  geom_bar(stat="identity") +
  theme(axis.text.x = element_text(angle = 45, hjust = 1)) +
  ggtitle("Number of views of the top movies")
```

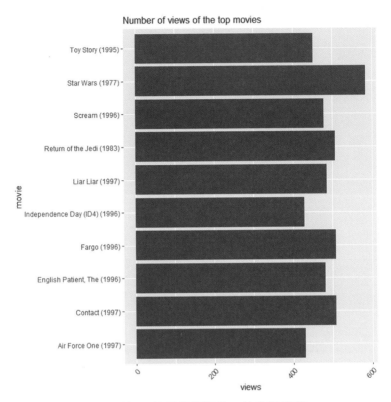

》圖 2.1-6　排名前 10 的電影觀賞數，依字母排序

　　檢視圖 2.1-6 可以發現 Y 軸的電影是由 A 到 Z，
由下往上排序，這是因爲只要放在座標，就會被自動
排序。如果我們想要 Y 軸依照觀賞數排序，只要小
小修改即可，程式如下，結果如圖 2.1-7。

```
ggplot(table.views[1:10, ], aes(x = reorder(movie, -views), y = views)) +
    geom_bar(stat="identity") +
    theme(axis.text.x = element_text(angle = 45, hjust = 1)) +
    ggtitle("Number of views of the top movies")
```

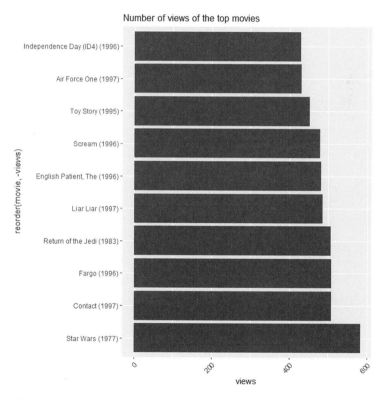

▶圖 2.1-7　排名前 10 的電影觀賞數，依觀賞數排序

> ((•)) **練習問題**
>
> 如圖 2.1-7，請繪製排序顛倒的圖，也就是說，大
> 的數字在上方。

> ((•)) **練習問題**
>
> 承上「最多人看的電影」，請換方向繪製「最愛看
> 電影的人」。

（四）平均評分

　　前述是電影被觀賞次數，我們接下來的 EDA 是
評分。也就是檢視每個觀賞者的平均評分，藉此可以
了解觀賞者是不是隨意評分，例如，通通給高分；我
們可以透過計算每部電影的平均評分，來識別評分高
的電影是哪些。我們可以使用 colMeans，colMeans
會自動忽略 0，因為 0 表示缺失值。我們來看看平均
電影評分的分布情況。

　　先建立資料框架：

　　avg.ratings = data.frame(avg.ratings=colMeans(MovieLense))

再繪製樣本直方圖 histogram，程式如下，結果如圖 2.1-8。

```
ggplot(avg.ratings, aes(x=avg.ratings)) +
    stat_bin(binwidth = 0.1) +
    ggtitle("Distribution of the average movie rating") +
    xlab("Average Ratings")
```

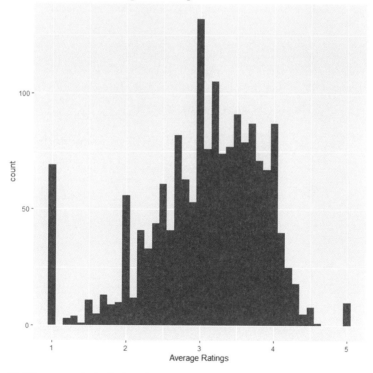

》圖 2.1-8　每個觀賞者各自評分的平均數

由圖 2.1-8 可以看出，多數人的平均分數環繞 3 分，此為中央趨勢，全給 5 分的少於全給 1 分的人數。這種狀況有可能是這種人只看一、兩部電影的結果，要篩出這類人，一個方法就是只取看片數高於一個門檻值的觀賞人，例如，80 部電影，語法如下，結果如圖 2.1-9。

```
avg.ratings2 = data.frame(avg_relevant=avg.ratings[views.per.movie > 80,])

dev.new();ggplot(avg.ratings2, aes(x= avg_relevant)) +
  stat_bin(binwidth = 0.1) +
  ggtitle(paste("Distribution of the relevant average ratings")) +
  xlab("Average Ratings for views.per.movie > 80")
```

移除兩端極值後的結果，圖 2.1-9 的直方圖約略介於 2.25 和 4.7 之間。

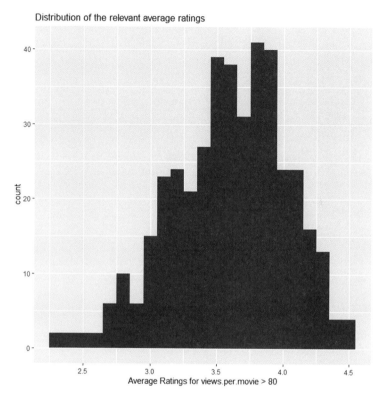

》圖 2.1-9　看片數高於 80 的觀賞人

（五）檢視評分矩陣

在 EDA 的認識資料階段，我們可以透過第一章使用 image() 的方法來看，簡單如下，結果如圖 2.1-10。

image(MovieLense, main = "Heatmap of the rating matrix")

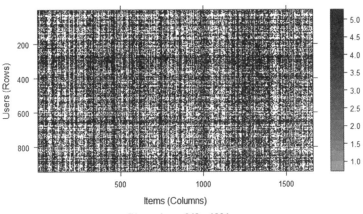

▶圖 2.1-10　資料檢視

圖 2.1-10 利用熱力圖檢視所有的 943×1664 矩陣資料，這是視覺化災難，欠缺可讀性。一個解決方法是限定列與行的數量，例如，前 15 列，前 25 行，程式如下，結果如圖 2.1-11。

image(MovieLense[1:15, 1:25],
        main = "Heatmap of the first rows and columns")

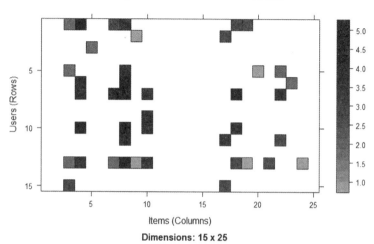

Heatmap of the first rows and columns

Dimensions: 15 x 25

>圖 2.1-11　前 15 列，前 25 行的評分數據

　　一些人比其他人看了更多的電影。但是，此圖表
僅顯示一些隨機用戶和影片。反之，如果我們選擇最
相關的用戶和影片呢？這意味著僅將看過許多電影的
人和被許多人看過的電影視覺化。為了識別和選擇最
相關的使用者和電影，我們可以確定以下兩個條件：
第一，確定每個人觀賞的最少電影數量。
第二，確定每部電影被觀賞的最少人數。
　　然後，過濾出符合這些條件的資料，例如，每人
至少有 401 部電影的量，每部電影至少有 301 人看，
程式碼如下，結果如圖 2.1-12。

```
image(MovieLense[rowCounts(MovieLense) > 400,
      colCounts(MovieLense) > 300],
      main = "Heatmap of the top users and movies")
```

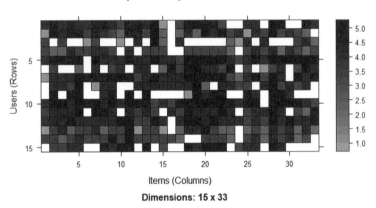

》圖 2.1-12　每人至少有 401 部電影的量，每部電影至少有 301 人看

最後一種方式是取最高百分比，也就是利用分量方法，例如，前 1% 的人與影片，程式碼如下，結果如圖 2.1-13。

```
min_movies = quantile(rowCounts(MovieLense), 0.99)
min_users = quantile(colCounts(MovieLense), 0.99)

image(MovieLense[rowCounts(MovieLense) > min_movies,
      colCounts(MovieLense) > min_users],
      main = "Heatmap of the top 1% users and movies")
```

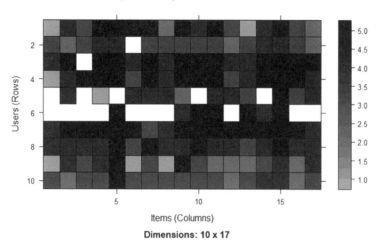

圖 2.1-13

這些方法不是只用於視覺化，透過條件篩選，我們建模的時候，可以避免稀疏矩陣的影響。下一節就是推薦演算法的介紹，我們會進一步解說。

((•)) 練習問題

連上 MovieLens < https://grouplens.org/datasets/movielens/>，在最上方 recommended for new research 標籤區塊，下載最新釋放的 250 MB 資料，依本節教學處理。如果有能力處理更大的數據，可以下載 GB 級的資料。

第二節　協同演算法 Collaborative Filtering

一、依項目相似度：Item-Based Collaborative Filtering (IBCF)

R 套件提供很多演算法，執行下一行指令就可以看到它提供的演算法和解釋：

```
recommenderRegistry$get_entries(dataType = "realRatingMatrix")
```

在此書撰寫時，有如下 11 個：

```
IBCF_realRatingMatrix
UBCF_realRatingMatrix
POPULAR_realRatingMatrix
HYBRID_realRatingMatrix
LIBMF_realRatingMatrix
RANDOM_realRatingMatrix
RERECOMMEND_realRatingMatrix
SVD_realRatingMatrix
SVDF_realRatingMatrix
ALS_realRatingMatrix
ALS_implicit_realRatingMatrix
```

前兩個就是本書將介紹的，嚴格地說，我們介紹第一種 IBCF，UBCF 只是切換參數。例如，用圖

2.1-2 的資料表計算的相關矩陣，就是 IBCF，UBCF
只需要將之轉置即可。

　　協同過濾是推薦系統演算法的其中一個，IBCF
考慮了透過用戶間的評分，去計算商品的關聯矩陣，
推薦類似的商品。核心演算法基於以下步驟：

（一）對於每兩個商品，衡量它們的相似程度，也就
　　　是類似用戶的類似評價。

（二）對於每個商品，確定 k 個最相似的商品。

（三）對於每個使用者，確定與用戶購買的最相似的
　　　商品。

　　在下面的程式碼中，我們將看到構建 IBCF 模型
的整體方法。我們先過濾出符合這些條件的資料：每
人至少有 51 部電影的量，每部電影至少有 101 人觀
看。

```
data.used = MovieLense[rowCounts(MovieLense) > 50,
                            colCounts(MovieLense) > 100]
```

data.used 的維度是 560 x 332，也就是 560 位顧客對
332 部電影的評分。

　　訓練資料方法一般有多種：

　　方法一：訓練集 80%，測試集 20%

我們先定義訓練標籤：

```
train.ID =sample(x = c(TRUE, FALSE),
                  size = nrow(data.used),
                  replace = TRUE,
                  prob = c(0.8, 0.2))
```

此處，我們必須知道這種抽樣，因為設定機率 prob = c(0.8, 0.2)，所以，每次的個數會略有差異，主要原因在於 0.80001 和 0.19999 這類數值問題。如果要每次的個數都一樣，就要改變方式，此處不細論。

然後，依照訓練標籤取出訓練資料集 reccTrain，如下：

```
reccTrain = data.used [train.ID, ]
reccTest = data.used[!train.ID, ]
```

我們用評分資料 reccTrain 估計相關參數，後把相關參數套到 reccTest 計算推薦預測。如下兩步驟：

第 1 步：訓練資料估計參數

Recommender() 是主要的函數，關鍵參數有 3 個：

1. method：這是宣告推薦演算法，我們選用 IBCF，還有 UCBF。

2. parameter 串列，內宣告兩個：

(1) k：對於每一個品項的相似度，取 k 對最相關的品項並將之儲存。

(2) m e t h o d：宣告相似矩陣計算方法，內建 "cosine"，還可以宣告 "pearson"。

令 k=30，估計如下：

```
recc.output <- Recommender(data = reccTrain ,
                    method = "IBCF",
                    parameter = list(k = 30, method="cosine")
                    )
```

估計結果有一個大矩陣，因此，不會顯示，如下：

```
> recc.output
Recommender of type 'IBCF' for 'realRatingMatrix'
learned using 116 users.
```

用 getModel 取出資訊：

```
model_details <- getModel(recc.output)
```

再將裡面的相似度矩陣視覺化，如下：

```
image(model_details$sim, main = "Heatmap of
complete similarity matrix")
```

　　產生的圖如圖 2.2-1，我們宣告 k=30，所以每一列只有 30 個非白色，讀者可以透過搜尋本書附帶程式，產生圖形，放大，然後數一數就會知道。這樣可以了解 k=30 的設定，能減少很多麻煩。

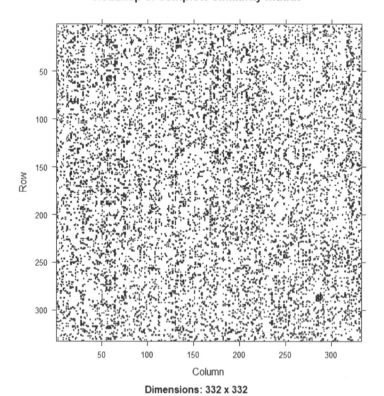

》圖 2.2-1　完整 332 列與 332 行的相似度矩陣

　　我們也可以隨機抽取 20 列與行，然後在視覺化看看。如以下兩行程式與圖 2.2-2。

```
n_items <- sample(seq(dim(model_details$sim)[1]), 20)
image(model_details$sim[n_items, n_items])
```

　　圖 2.2-2 有一些空白列，因為 k=30。我們從 332 隨機取 20，很容易抽樣到全 0 的列。

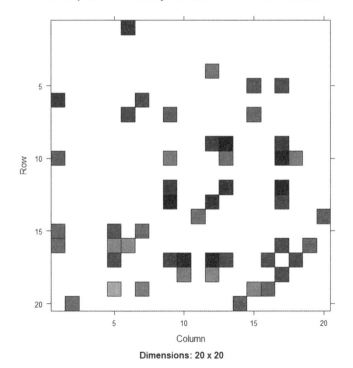

Heatmap of the randomly selected 20 rows and columns

Column

Dimensions: 20 x 20

》圖 2.2-2　隨機抽 20 列與 20 行

第 2 步：測試資料的推薦預測——*K-fold* 交叉驗正法 (Cross Validation)

K-fold CV 架構是用於 model selection，如果你只有一個方法，就不需要 *K*-fold CV 架構，直接用所有的資料就可以。我們不做 model selection，但是，依然可以用 *K*-fold CV 架構計算出反應資料局部特性的穩健參數。

擇定一個方法，如此例的 IBCF，*K*-fold CV 架構大致如下：

第一，交叉驗證的作法如圖 2.2-3(A)。如前，我們使用資料爲 560 x 332 的 real ratings，通常測試組資料約爲總樣本的 20%，並將資料分成訓練組（估計與驗證）與測試組兩部分，後面實做會再談。

第二，其次，再把圖 2.2-3(A) 的主訓練集分出 D1:D9 的兩子區段：90% 的估計 (training/estimation) 和 10% 的驗證 (validation)，或前端測試。10% 的驗證 (validation) 是由 90% 估計的 9 段 (folds) 資料輪流擔任，這也就是所謂的 *k*-fold 交叉驗證 (*k*-fold cross-validation)，如圖2.2-3(B)。據此我們設定k=10來取出表現最好的模式，再套入測試取出 baseline forecast。

假設預測表現 E_k 爲 mean absolute errors (MAE)，

因此特定模型 k 次迭代計算 (iteration) 下的訓練表現，就是 k 個 MAE 的平均值。k-fold CV 的設計讓我們可以檢視特定模型在整體資料的表現，避免一次好，就成為代表。

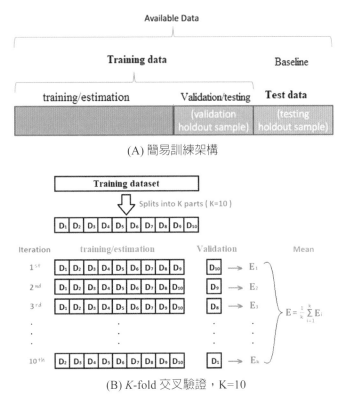

(A) 簡易訓練架構

(B) *K*-fold 交叉驗證，K=10

》圖 2.2-3　*K*-fold CV 的訓練架構

　　由上述解釋可以知道，傳統的預測誤差 (E_i) 是使用所有樣本 (D_1, .., D_{10}) 估計參數，然後計算樣本內配適值和真實值之間的差距，基於樣本內配適的預測誤差，可以計算標準的統計量，例如：R^2、F 統計量等等。*K*-fold CV 的預測誤差則是由 (D_1, .., D_{10}) 取出 9 段資料來估計，預測另外第 10 個產生樣本外的預測誤差，做 10 次之後，整筆訓練資料的預測誤差就有了。熟悉離群值檢測的讀者，對 *K*-fold CV 應該感到似曾相識。

　　具體實做，我們將訓練及資料估計出來的參數物件 recc.output，套進測試集資料來做預測，我們以 TopN 為例說明取出前 7 部預測分數最高的電影，如下：

```
n_recommended <- 7
recc_predicted <- predict(object = recc.output,
                          newdata = reccTest,
                          n = n_recommended,
                          type=c("topNList","ratings","ratingMatrix")[1])
> recc_predicted
Recommendations as 'topNList' with n = 7 for 115 users.
```

　　recc_predicted 就是預測結果，用 slotNames() 可以檢視 recc_predicted 有 4 個子物件：

```
> slotNames(recc_predicted)
[1] "items"      "ratings"      "itemLabels" "n"
```

因為是 S4，我們利用 recc_predicted@items 檢視預測內容，如圖 2.2-4。

```
> recc_predicted@items
$`0`
[1] 295 279 218  55  20 125 188

$`1`
[1] 186 187 276 295 317  96 244

$`2`
[1]   2  10  39  44  95 108 114

$`3`
[1]  17 305 237 204  64 260 170

$`4`
[1] 263 294   2 162  25  34 298

$`5`
[1]  56  95 100 137 139 149 174

$`6`
[1]   3  17  19  34  35  39  40

$`7`
[1]   3 230 237 270 304 294 242
```

》圖 2.2-4　檢視 recc_predicted@items 的預測項目

圖 2.2-4 是串列，序號從 0 開始，會和測試集的人數一樣，如果要知道對應的 user 代號，可以用以下指令：

```
users_test=getData.frame(reccTest)[,"user"]
unique(users_test)
```

```
> unique(users_test)
  [1] "117" "125" "130" "138" "144" "148" "167" "178" "180" "188" "190" "194" "207"
 [14] "22"  "222" "23"  "239" "248" "253" "254" "276" "294" "297" "303" "305" "324"
 [27] "330" "339" "348" "354" "357" "363" "365" "370" "38"  "381" "387" "389" "395"
 [40] "399" "405" "41"  "412" "456" "457" "463" "472" "48"  "481" "487" "49"  "492"
 [53] "499" "503" "524" "537" "539" "543" "557" "559" "561" "567" "573" "579" "582"
 [66] "59"  "6"   "60"  "600" "606" "608" "621" "622" "630" "633" "640" "648" "65"
 [79] "658" "665" "679" "697" "704" "711" "716" "721" "724" "741" "746" "747" "758"
 [92] "768" "776" "780" "787" "790" "796" "821" "83"  "830" "833" "834" "840" "850"
[105] "87"  "870" "875" "883" "889" "89"  "903" "918" "92"  "924" "930" "933" "936"
[118] "940" "943" "96"
```

▶️圖 2.2-5

　　讀者實做時，因為隨機抽樣的關係，不會和本書顯示一樣，只需要檢視個數即可。串列內的數字對應電影名稱，利用 recc_predicted@itemLabels 可以檢視電影是 332 部，如圖 2.2-6。

　　所以我們可以呼叫串列內容來檢視第一位被推薦者的推薦內容，語法如下：

```
recc_user_1 <- recc_predicted@items[[1]]
movies_user_1 <- recc_predicted@itemLabels[recc_user_1]
movies_user_1
```

```
> recc_predicted@itemLabels
  [1] "101 Dalmatians (1996)"
  [2] "12 Angry Men (1957)"
  [3] "2001: A Space Odyssey (1968)"
  [4] "Absolute Power (1997)"
  [5] "Abyss, The (1989)"
  [6] "Ace Ventura: Pet Detective (1994)"
  [7] "Adventures of Priscilla, Queen of the Desert, The (1994)"
  [8] "African Queen, The (1951)"
  [9] "Air Force One (1997)"
 [10] "Aladdin (1992)"
 [11] "Alien (1979)"
 [12] "Alien: Resurrection (1997)"
 [13] "Aliens (1986)"
 [14] "Amadeus (1984)"
 [15] "American President, The (1995)"
 [16] "Amistad (1997)"
 [17] "Annie Hall (1977)"
 [18] "Apocalypse Now (1979)"
 [19] "Apollo 13 (1995)"
 [20] "Apt Pupil (1998)"
 [21] "Army of Darkness (1993)"
 [22] "Arsenic and Old Lace (1944)"
 [23] "As Good As It Gets (1997)"
 [24] "Austin Powers: International Man of Mystery (1997)"
 [25] "Babe (1995)"
 [26] "Back to the Future (1985)"
 [27] "Basic Instinct (1992)"
 [28] "Batman (1989)"
 [29] "Batman Forever (1995)"
```

》圖 2.2-6　檢視 recc_predicted@itemLabels 的項目標籤——
　　　　　電影名稱

結果如下圖 2.2-7。

```
> recc_user_1 <- recc_predicted@items[[1]]
> movies_user_1 <- recc_predicted@itemLabels[recc_user_1]
> movies_user_1
[1] "Strictly Ballroom (1992)"   "Some Like It Hot (1959)"   "North by Northwest (1959)"
[4] "Casablanca (1942)"          "Apt Pupil (1998)"          "Gandhi (1982)"
[7] "Maltese Falcon, The (1941)"
```

》圖 2.2-7　第一位被推薦者的推薦內容

根據圖 2.2-7 的語法，可以將顧客逐次預測，就可以完成所有人的產品推薦。筆者會使用這樣的方法，取出所有顧客的推薦矩陣：

RECC.test=sapply(recc_predicted@items,unlist)
colnames(RECC.test)=unique(users_test)

RECC.test 如圖 2.2-8，欄名稱是測試集資料的 user 代號，因為最開始是隨機抽取，所以此處沒有排序。

```
> colnames(RECC.test)=unique(users_test)
> RECC.test
      101 106 110 118 135  14 158  18 180 181 187 197  21 213 214 222 224 232 249 256 264 274 279 283 286 288
[1,]    2   1 274  17 247  35  66 143  31   6  87   5   2  75  42   6 176  34   1 273  13 139 276 144 234
[2,]   10   6 136  20 300 217 186 175  70   8  95   9  43  11 176 162   6 270  42   2  10  21 189 136 267 182
[3,]   44  27 327  23 312 244 234  86  12 116  16  68  23  95 260  16  55  57   3 155  35 201 141 285  71
[4,]   92  29 189  51 249  18 274 264  98  14 131  36  76  25 131 203  17  59 273   8 228 149 204 298 286 330
[5,]  108  30 184  55  23 252 201   2 115  17 132  61  35  66 135  19  44  59   9 110 152 294 179  67 206
[6,]  110  75  70  57 124 297  64  57 208  18 252  73 106  40  44   3  20 162  60  17  26 156 329 330 227 136
[7,]  114  86 263 104 249  25 254 283  78 117  47 327  14  26 319 260  22 169 184  26 210 168   2
      291 292 293 294 295 296 305 307 308 321 326 334 342 361 363 374 379 385 388 393 395 405 421 422 426 428
[1,]  298 275   8  45   2   3   2  25   1 139  25 139  25  40 123 305 258  98   2  19   1 295  64   3
[2,]  251  37  92  62   4   3 174   5 170  38 217 318   8  83  39 293  44 324  92 150 108 218 170 224 218 110
[3,]  237 321 152 122   8   8 141 139  53 294 283   2 122 174   8 328  56 287 157  49 264 319 305 198
[4,]  243  96  44 162  14  11 297  13 273 107  18 305  14 237 188 319 211 133 229 117 179 229  92 176 310 173
[5,]   99 220 278 187  15  13 242  18 279  82 243 264  18 169  64 219  97  13 125   8 136  25  40
[6,]  120 278  51 228  47  14  84  34 131 171 222 133 229 162 132 204 248  60 136 312 265 232 154 131  49 248
[7,]  309 331  20 295  49  18 138  40  39 191 304 242 330  71 224 330 189  82 149 256 135 269 133 305 269 233
      430 432 437 445 447 456 463 468 480 489 503 507 521 537 540 548 553 573 577  58 582 586 587 600 625
[1,]   55 105   2 146  11 197  31  79   5   3 143  23  33 270  25  40 123 305 258  98   2  19   1 295  64   3
[2,]   44 211  36 296  13  86  54 325 117  11 313  25 197 211 302  11  12 319 204 111  12 349 204 140   3 290
[3,]  319 182  44  13  18 309  65  62 226  47 204  39 204  96 255 182 129 218  71 168   8 228   3  23  23  14
[4,]  188 174  47 141  34 136 227  55  44  56  54 179 152 330  14 122  25 126 110 176   6 239 276  25
[5,]  276  63  49 243  45 225 268 186 170  59 265  64 190 114 229 114 271   8 206 267  11  78   7 276 250  37
[6,]   62 276  55 272  48 102 307 131 217  83  95  83   2  17 269  60 189  64 219  97  13 125   8 136  25  40
[7,]  279  82  57  49  49 194 121 252  59  87  79 170 305 250  20  25 170 133 294 200  14 330  10 241 330  55
       64 647 655 659 661 665 679 690 721  73 733 734  76 763  77 776 782  79 795 796   8 805  81 825 826 829
[1,]  294  61  28 177   3 318   2   8 162  11  49  72 224 255  39  44  40 143  85  12  54 270  57  67  55  83
[2,]  218 107 114 141  64 134 229  19  64  94  13 305  85 294  96  33 147  79 181 330 186  87
[3,]   92 134 228  82  79 252 237  22 310  43 330 232 133  92 317 218 160  20 119  77 157 276 319  16 182 116
[4,]  252 140  23 265  87 163 269  34 107 105 206 152 186 252 132 136  13 170 146 102 233  87 226 206  34 298
[5,]   55 159   8 137  95   7 106  45 279 187  53 234 174  10 330 154 250 296 116  55 262 242  35
[6,]  188 167 188 139 116 249 298  48 312 242 204 147 141  59  82 248 155 329 168  68  62 159 189  64 319 141
[7,]  276 168 107 182 121  96 160 121   2 297 260 201 149 248 224 183  34  49 260 305 149  59  54
      834 847 848 850 860 864 881 894 899 901 921 927 930 932 936 938  96  97
[1,]   44  18   8  61  24   4 278 304 147 187 220  14 200 174  16   2
[2,]   48  35  26 150  29   6 255 136 157   8 136  37 301  20 121 242 138   3
[3,]  248 212  32 267  33   8 132 206 160 239 298 143  38 299 147 264 142   8
[4,]  237 239  59 263  52  11 242  23  20 237 296 248 330  56  42  64 141  23
[5,]  201 323  97 148  53  12 297 188 260  47 229 339  59  76 182  17  25
[6,]    2 187 116  41  76  14 159  44 276 120  49 272 147  82  89 132 305  26
[7,]  323 166 120 206  91  15 137  40 304 218 141 277 311 108 132 226 317  37
```

▶▶ 圖 2.2-8　呈現所有顧客的推薦矩陣

　　推薦系統處理顧客對商品的偏好分數 (real ratings)，利用相似度矩陣進行運算。R 套件提供 11 個模型，本書不逐次介紹，用習題來處理進一步的學習。

((•)) **練習問題**

用同樣的訓練和測試集：

（一）請比較不同的相似度計算方法 (cosine, pearson)，產生的推薦有何不同？

（二）請依照 IBCF 的介紹，使用顧客相似度 UBCF 方法，比較兩個方法的推薦結果。

感官資料量化分析：ANOVA 方法

　　前面第二章的感官資料是源自消費者（顧客／使用者），依據自己的喜好給品鑑，也就是品鑑反應了消費者偏好；第一章則是基於消費的採購行為所做的關聯推論，也是第二章品鑑資料的基礎。本章開始將會進入稍微特殊一點的感官資料，也就是對商品屬性的專業品鑑。本章分成三節，分別針對專業品鑑者 (panelists) 和商品的多種屬性作系統性分析。

　　量化描述性分析方法不是統計方法，而是指蒐集感官資料的方法，例如，從風味概況方法到自由選擇分析 (Free Choice Profiling, FCP)，定量描述分析 (Quantitative Descriptive Analysis, QDA) 和光譜方法 (spectrum)[1]。這些方法都在提供產品感官盡可能準確的數字描述。這種感官描述是透過根據感官屬性清單，對一組產品進行評分得來。這種評估是由一種人

1　以上三個方法，皆可以從 < https://www.sensorysociety.org/Pages/default.aspx >感官學會網站的搜尋介面，取得完整資訊。

類測量完成的，通常也被稱爲品鑑者 (panelists) 或受
試者。

在實務上，QDA 是產業中最具代表性的方法，
該小組由 10 到 12 名品鑑者（專家）組成。QDA 因
爲涉及專家意見，故而往往需要一段時間，對品鑑者
進行專業感官訓練；在訓練期間，將包含一個大約一
週「語言發展」階段，目的在協調和校準他們正確使
用感官語言去評價商品。在這個階段，品鑑者與小組
負責人一起產生屬性清單，用於描述他們正在研究的
產品類別。這個過程，類似棒球比賽，主審裁判判斷
好壞球，是需要長時期專業和經驗的累積。總而言
之，欲獲得一組產品的精細感官描述，需要花費金錢
和時間。因此，評估整體和單獨性能非常重要。本章
和次章以 QDA 方法爲主，第五章則是 FCP 方法。範
例資料如圖 3.1-1。

本章相關資料檔基於兩本書而來：

Lê Sébastien and Thierry Worch (2015). *Analyzing Sensory Data with R*. CRC Press.

和 François Husson, Lê Sébastien, Jérôme Pagès(2017). *Exploratory Multivariate Analysis by Example Using R*. CRC Press.

有需要深入理論的讀者，可以參考。另外，本章使用的核心 R 套件是 SensoMineR 和 FactoMineR 兩個。

第一節　品鑑者角度的感官品鑑：單維度屬性清單

圖 3.1-1 呈現的資料來自 Lê Sébastien and Thierry Worch (2015)，是作者的多位碩士生所建構，相當有代表性。這筆資料的商品是 12 個香水品牌、12 種香

	Panelist	Session	Rank	Product	Spicy	Heady	Fruity	Green	Vanilla	Floral	Woody	Citrus	Marine	Greedy	Oriental	Wrapping
1	SO	1	1	Coco Mademoiselle	0.6	0.7	7.1	0.8	2.0	8.6	0.7	0.3	3.4	0.8	0.9	3.8
2	SO	1	2	Lolita Lempicka	1.4	1.5	3.2	1.3	5.3	4.4	1.1	1.8	1.0	9.5	1.0	7.9
3	SO	1	3	Angel	3.8	9.7	1.0	0.6	1.9	3.6	0.6	0.7	0.5	9.8	0.7	7.3
4	SO	1	4	Pure Poison	1.1	1.2	7.4	0.2	2.5	9.5	0.8	1.0	0.8	3.8	7.0	8.9
5	SO	1	5	Chanel N5	4.9	8.4	3.0	0.3	0.1	4.9	3.3	0.0	1.9	9.0		9.5
6	SO	1	6	Aromatics Elixir	8.6	10.0	0.0	0.0	3.1	5.0	1.2	0.0	0.0	0.0	6.0	8.5
7	SO	1	7	J'adore ET	1.5	0.0	9.4	0.3	0.3	8.1	0.5	0.5	0.5	1.0	0.3	8.1
8	SO	1	8	Pleasures	0.2	0.2	5.3	2.8	0.5	9.3	0.5	4.2	6.3	0.7	0.3	5.8
9	SO	1	9	J'adore EP	0.5	0.4	9.6	0.3	0.5	7.5	0.5	7.3	0.3	0.4	0.4	4.6
10	SO	1	10	L'instant	2.0	8.0	0.5	0.5	4.0	7.0	4.0	1.8	0.2	5.1	6.5	9.1
11	SO	1	11	Cin\xe9ma	0.3	0.8	5.0	1.2	0.2	7.3	0.6	5.5	1.5	2.3	0.2	3.9
12	SO	1	12	Shalimar	8.5	9.8	0.3	0.5	1.2	4.8	6.8	0.6	0.7	2.5	9.6	9.5
13	SO	2	1	Shalimar	9.6	9.3	1.4	1.0	1.6	3.7	1.6	0.1	0.1	0.1	8.6	9.4
14	SO	2	2	Cin\xe9ma	0.3	0.5	8.4	0.3	2.3	8.8	0.3	3.8	0.3	2.4	0.3	4.0
15	SO	2	3	L'instant	1.2	1.1	5.0	0.1	4.4	7.8	2.7	0.1	0.1	3.3	2.3	8.9
16	SO	2	4	J'adore EP	0.2	0.5	7.6	0.3	0.5	9.8	0.6	2.4	0.2	0.2	0.3	6.7
17	SO	2	5	Pleasures	0.5	0.6	7.6	0.5	0.5	9.8	0.6	2.4	0.2	0.2	0.3	6.7
18	SO	2	6	J'adore ET	0.5	0.7	8.6	0.5	1.0	8.6	0.3	0.5	0.3	3.0	0.3	7.7
19	SO	2	7	Aromatics Elixir	6.5	9.9	1.1	2.6	0.1	4.3	2.0	0.2	0.3	0.2	5.5	9.9
20	SO	2	8	Chanel N5	2.4	9.6	1.1	0.0	0.1	8.0	1.9	0.2	0.2	0.0	7.8	9.8
21	SO	2	9	Pure Poison	0.5	0.6	2.6	0.0	0.4	9.0	1.3	1.6	0.0	0.4	0.5	0.3
22	SO	2	10	Angel	7.2	9.8	5.1	0.2	4.1	3.1	0.3	0.2	0.1	9.9	1.6	9.8
23	SO	2	11	Lolita Lempicka	2.0	0.9	6.9	0.4	7.3	4.0	1.6	6.8	0.3	9.9	8.6	7.4
24	SO	2	12	Coco Mademoiselle	1.2	3.6	8.6	0.3	2.1	9.4	0.3	2.6	0.0	0.2	1.0	8.5
25	ST	1	1	Lolita Lempicka	0.0	0.0	0.0	0.0	10.0	0.0	0.0	0.0	0.0	10.0	0.0	1.5
26	ST	1	2	Pure Poison	0.0	0.0	9.0	0.3	0.4	5.0	0.0	0.0	0.0	0.0	0.0	0.0
27	ST	1	3	Coco Mademoiselle	0.7	0.0	9.2	0.0	1.5	2.8	0.0	0.0	0.0	1.5	2.3	0.5
28	ST	1	4	Aromatics Elixir	8.6	10.0	0.0	2.3	1.0	5.0	8.0	0.0	0.0	0.0	10.0	10.0
29	ST	1	5	Angel	6.8	10.0	0.0	0.0	10.0	0.0	0.0	0.0	0.0	10.0	0.0	10.0
30	ST	1	6	Pleasures	0.0	0.0	8.8	2.7	0.0	9.0	0.0	1.2	0.0	0.5	0.0	0.0
31	ST	1	7	Chanel N5	8.2	10.0	3.7	1.1	8.6	0.0	0.0	0.0	0.0	0.0	9.7	9.7
32	ST	1	8	L'instant	0.0	0.0	7.8	0.0	0.0	8.0	0.0	0.0	0.0	0.0	0.0	0.0
33	ST	1	9	J'adore ET	0.0	0.0	9.6	0.7	0.2	9.6	0.0	0.0	0.0	0.0	0.0	0.0
34	ST	1	10	Shalimar	10.0	9.2	0.0	6.9	0.0	7.2	0.0	0.0	0.0	0.0	10.0	10.0
35	ST	1	11	J'adore EP	0.0	0.0	8.8	1.0	0.0	9.0	0.0	0.0	0.0	0.0	0.0	0.0
36	ST	1	12	Cin\xe9ma	0.0	0.0	9.5	0.0	2.2	5.0	2.5	0.0	0.0	5.0	0.0	0.0
37	ST	2	1	Cin\xe9ma	0.0	0.0										

>> 圖 3.1-1

水屬性，由 12 位品鑑者，每位成員訓練兩次而建構出來。

上面這筆資料前 4 欄說明如下：

Panelist：受試品鑑者代號，共有 12 人。

Session：測試階段，此處有兩次，兩次測試主要是改變香水次序，這項設計主要在於控制商品呈現的次序 (presentation order) 對評價是否有影響。

Rank：承上，Product 的次序。

Product：12 樣香水的品牌。

從第 5 欄的 Spicy 到 Wrapping 是 12 種香水的屬性，分數是受試者的品鑑。

Spicy 辛香調：胡椒、丁香、肉桂。

Heady 香濃調：香氣濃郁的。

Fruity 果香調：蜜桃、蘋果、紅莓。

Green 綠色調：雪松、杜松子、白松香。

Vanilla 香草調：椰子、茉莉花瓣、盛開小蒼蘭。

Floral 花香調：玫瑰、茉莉、含羞草。

Woody 木質香調：雪松、岩蘭草、檀香。

Citrus 柑橘香調：檸檬、甜橙、柚子。

Marine 海洋調：清新乾淨。

Greedy 美味調：白麝香、糖、香草、琥珀和安息香。

Oriental 東方調：麝香、焚香、琥珀與乳脂。

Wrapping 香水的擴散效果與持久性。

這種資料結構，基礎的解釋性資料分析都可以用得上，例如，我們繪製 12 個品牌，Floral 花香調分數的盒鬚圖 (boxplot)，如圖 3.1-2。

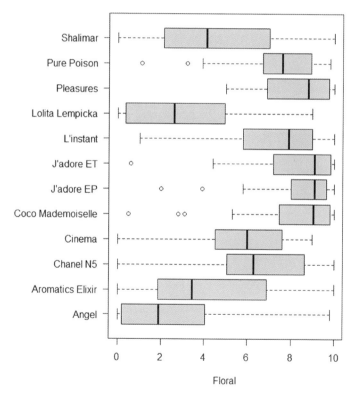

》圖 3.1-2　Flora 花香調分數的盒鬚圖

其次，我們可以透過 ANOVA 分析類別 (Product, Panelist, Session) 對花香調香水屬性的影響，如以下程式碼：

aov(Floral~(Product+Panelist+Session)^2,data=experts)

結果如圖 3.1-3。

```
> out.aov <- aov(Floral~(Product+Panelist+Session)^2,data=experts)
> summary(out.aov)
                 Df Sum Sq Mean Sq F value   Pr(>F)
Product          11 1182.7  107.52  31.544  < 2e-16 ***
Panelist         11  490.3   44.58  13.078 4.32e-16 ***
Session           1   30.9   30.94   9.078 0.003151 **
Product:Panelist 121 772.8    6.39   1.874 0.000314 ***
Product:Session  11   73.7    6.70   1.966 0.037504 *
Panelist:Session 11   52.2    4.75   1.393 0.184519
Residuals        121  412.4    3.41
---
Signif. codes:  0 '***' 0.001 '**' 0.01 '*' 0.05 '.' 0.1 ' ' 1
```

▶圖 3.1-3

承上，我們來看看模型中引入的不同效應（主效應和交互效應）的含意：

一、**Product**（產品效果），表示產品是否在該屬性上被視為不同。換言之，如果產品效應顯著，則品鑑者已根據感興趣的感官屬性（我們想在模型中解釋的屬性）對產品進行了區分。在資料分析

時，這種影響是主要有趣的：它對應於品鑑者的
辨別能力。

二、**Panelist**（**品鑑者效果**），表示品鑑者是否以類
似方式使用符號等級。

三、**Session**（**測試階段效果**），表示品鑑者在兩個階
段，是否一致地品鑑。

四、**Product:Panelist**（**產品與品鑑者交互效果**），表
示不同品鑑者對產品的看法是否相似。換句話
說，它表明品鑑者在根據感興趣的屬性對產品進
行評級時是否達成共識。如果產品與品鑑者的互
動很重要，則品鑑者（小組內）之間沒有達成共
識——品鑑者對感興趣的感官屬性的看法不同。
因此，在評估品鑑者的表現時，這種互動效果是
有趣的。

五、**Product:Session**（**產品─測試階段交互效果**），
表示品鑑者兩個階段的感知是否相似。對於感興
趣的給定感官屬性，它指示該屬性從一個測試階
段到另一個測試階段的使用是否相似。如果產品
與測試階段的交互很重要，則品鑑者無法從一個
測試階段重複到另一個測試階段。在評估品鑑者
的表現時，這也是重要的：它衡量品鑑者的可重

複性。

六、**Panelist:Session**（品鑑者－測試階段交互效
　　果），表明某些品鑑者是否在不同測試階段之
　　間，是否以不同的方式使用分數區間。

　　ANOVA 的結果算是相當重要，解釋了 12 位品
鑑者對 Flora 花香調的感官品鑑差異，被哪些因素
決定。我們發現，Product 產品效果的 F 統計量是
31.544，很顯著，故產品差異顯著地區分了 12 位品
鑑者的感官差異；然後 **Panelist:Session** 的 F 統計量
是 1.393，p.value=0.185，統計不顯著，故 12 位品鑑
者在兩階段的感官品鑑表現，沒有差異。

((•)) **練習問題**

（一）請依照學過的統計學，解讀圖 3.1-3 的結果。

（二）請用 Woody 木質香調，製作以上兩圖的分
　　　析。

（三）讀者如果學過多層次線性模型 (multilevel
　　　linear model)，請試著配適隨機效果。

（四）請將 ANOVA 改成 lm 線性迴歸，看看如何
　　　解釋線性迴歸的結果。

　　在感官資料分析中，交互效果是相當重要
的一環，前面的 ANOVA 分析是統計檢定，套
件 SensoMineR 提供一種視覺化作法，使用函數
graphinter()：

```
graphinter(
    experts,
    col.p=4,
    col.j=2,
    firstvar=16,
    lastvar=16,
    numr=1,
    numc=1)
```

　　內有 7 個參數：

experts 是使用的資料。

col.p 是交叉效果中，放在 X 軸的欄位數，此例
為 4，也就是 Product。

col.j 是交叉效果中，放在 Y 軸的欄位數，此例
為 2，也就是 Session。

firstvar 是香味屬性的首欄位數，此例是 16，也
就是 Wrapping。

lastvar 是香味屬性的尾欄位數，此例是 16，也
就是 Wrapping。

numr 和 numc 是指將圖框分割 numr x numc 的矩陣結構，此例為單一框。

此例畫出的交互效果圖如圖 3.1-4。這個圖的邏輯說明如下：

一、X 軸代表特定香水，兩個 Session 中，12 位品鑑者的 Wrapping 感官分數平均。所以，特定香水會畫在一條垂直線上，也就是此值固定。

二、Y 軸則是將 X 軸的方法，一個 Session 畫一條線。

如果 Product 和 Session 無顯著交互效果，這兩條線會平行無相交；如果有顯著的交互效果，則會交叉。圖 3.1-3 的 Product:Session 之 ANOVA 之 p-value=0.04，依照 5% 的顯著水準而言，算是邊緣。所以，我們會發現圖 3.1-4 有相交，在較大數值處有比較明顯的糾纏，其餘平行的狀況較為明顯。

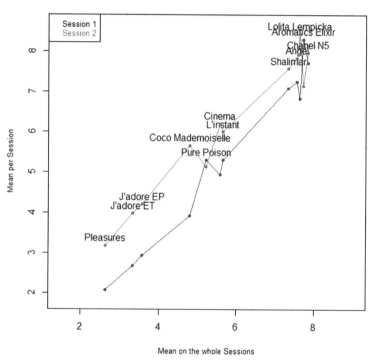

》圖 3.1-4　交互效果圖

((•)) **練習問題**

（一）請將上例，香調性改成 Oriental，看看
　　　ANOVA 和視覺化有什麼特徵？

（二）依照函數說明，選最前面 4 種香調性，然後
　　　把圖文框改成 2×2，製作一個圖，如圖 3.1-5。

（三）承上題，交互關係改成 Product:Panelist，試
分析結果。

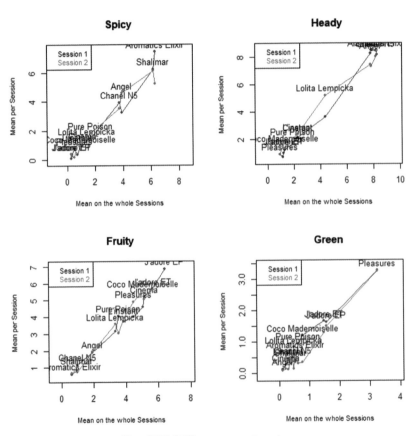

》圖 3.1-5　前 4 種香調性 Product-Session

以上的統計分析，都是針對一個屬性，如果我們

要依次把 12 個屬性如同圖 3.1-3 所做，一起做出交互效果來比較，一個方法是用迴圈，另一個簡單的解決方案是使用 SensoMineR 套件的函數 panelperf()。

第二節　ANOVA 之一：使用 panelperf()

　　panelperf() 會自動對給定數據集的所有連續變數執行 ANOVA 分析。在這種情況下，必須為所有屬性指定一個模型。這裡，使用的模型是前面定義的模型。在將 panelperf 應用於專家數據集之前，還需要告知第一個感官屬性的位置，本例是 5(firstvar = 5)；最後一個感官屬性如果是最後一欄，就不用宣告 lastvar（內建為資料最後一欄，i.e., lastvar=*ncol(experts)*），如果不是，就要指定。

```
out.panelperf <- panelperf(experts,
            firstvar=5,
            formul="~(Product+Panelist+Session)^2")
```

　　估計結果物件 out.panelperf 有 4 個子物件，我們直接檢視 p.value 比較簡單，如圖 3.2-1。

```
> out.panelperf$p.value
         Product        Panelist        Session      Product:Panelist Product:Session Panelist:Session
Spicy    1.996468e-22   1.648251e-12    0.8911       6.576338e-04     0.2128          0.1516
Heady    4.307737e-31   1.702560e-15    0.6443       1.437929e-07     0.3529          0.1002
Fruity   2.769452e-13   3.703762e-09    0.9368       8.841554e-05     0.9033          0.7593
Green    2.585917e-09   8.402604e-09    0.0664       1.502685e-04     0.8727          0.7347
Vanilla  9.030883e-23   8.552791e-10    0.2305       7.707797e-07     0.5682          0.0281
Floral   1.075929e-19   4.324579e-16    0.0269       3.138436e-04     0.0375          0.1845
Woody    1.622612e-06   6.315267e-11    0.3825       3.666210e-02     0.5552          0.0502
Citrus   8.308177e-02   1.798865e-09    0.1557       2.213355e-06     0.5643          0.5178
Marine   1.519361e-02   2.842584e-05    0.1156       5.437725e-01     0.0169          0.0000
Greedy   1.146599e-30   6.125002e-05    0.4906       2.958274e-07     0.6149          0.0010
Oriental 2.682067e-12   5.350357e-18    0.1423       1.473964e-12     0.9806          0.0009
Wrapping 4.458847e-11   3.471630e-17    0.0078       1.794984e-07     0.4035          0.4648
```

》圖 3.2-1　用 panelperf 綜合估計的 p.values

　　如上圖的軟體估計結果，往往出現很多科學記號（例如，e-22），在統計製表時，這樣的呈現不夠專業，建議讀者用以下表格。

	Product	Panelist	Session	Product:Panelist	Product:Session	Panelist:Session
Spicy	$2 \cdot 10^{-22}$	$1.65 \cdot 10^{-12}$	0.8911	0.00066	0.2128	0.1516
Heady	$4.31 \cdot 10^{-31}$	$1.7 \cdot 10^{-15}$	0.6443	$1.44 \cdot 10^{-7}$	0.3529	0.1002
Fruity	$2.77 \cdot 10^{-13}$	$3.7 \cdot 10^{-9}$	0.9368	$8.84 \cdot 10^{-5}$	0.9033	0.7593
Green	$2.59 \cdot 10^{-9}$	$8.4 \cdot 10^{-9}$	0.0664	0.00015	0.8727	0.7347
Vanilla	$9.03 \cdot 10^{-23}$	$8.55 \cdot 10^{-10}$	0.2305	$7.71 \cdot 10^{-7}$	0.5682	0.0281
Floral	$1.08 \cdot 10^{-19}$	$4.32 \cdot 10^{-16}$	0.0269	0.0003	0.0375	0.1845
Woody	$1.62 \cdot 10^{-06}$	$6.32 \cdot 10^{-11}$	0.3825	0.0367	0.5552	0.0502
Citrus	0.0831	$1.8 \cdot 10^{-9}$	0.1557	$2.21 \cdot 10^{-6}$	0.5643	0.5178
Marine	0.0152	$2.84 \cdot 10^{-5}$	0.1156	0.544	0.0169	0.0000
Greedy	$1.15 \cdot 10^{-30}$	$6.13 \cdot 10^{-5}$	0.4906	$2.96 \cdot 10^{-7}$	0.6149	0.001
Oriental	$2.68 \cdot 10^{-12}$	$5.35 \cdot 10^{-18}$	0.1423	$1.47 \cdot 10^{-12}$	0.9806	$9 \cdot 10^{-4}$
Wrapping	$4.46 \cdot 10^{-11}$	$3.47 \cdot 10^{-17}$	0.0078	$1.79 \cdot 10^{-7}$	0.4035	0.4648

圖 3.2-1 其實就是圖 3.1-3 的 p.value 橫放，然後

把 12 個屬性依序疊起來。這樣，我們對於交叉效果的綜合比較，就可以一目了然。如果要將視覺化做得好一些，可以利用 coltable() 這個函數：

coltable(out.panelperf$p.value[order(out.panelperf$p.value[,1]),])

結果如圖 3.2-2，將 p.value 小於 0.05 的格子上底色，內建是淡粉紅。

	Product	Panelist	Session	Product:Panelist	Product:Session	Panelist:Session
Heady	4.308e-31	1.703e-15	0.6443	1.438e-07	0.3529	0.1002
Greedy	1.147e-30	6.125e-05	0.4906	2.958e-07	0.6149	0.001
Vanilla	9.031e-23	8.553e-10	0.2305	7.708e-07	0.5682	0.0281
Spicy	1.996e-22	1.648e-12	0.8911	0.0006576	0.2128	0.1516
Floral	1.076e-19	4.325e-16	0.0269	0.0003138	0.0375	0.1845
Fruity	2.769e-13	3.704e-09	0.9368	8.842e-05	0.9033	0.7593
Oriental	2.682e-12	5.35e-18	0.1423	1.474e-12	0.9806	9e-04
Wrapping	4.459e-11	3.472e-17	0.0078	1.795e-07	0.4035	0.4648
Green	2.586e-09	8.403e-09	0.0664	0.0001503	0.8727	0.7347
Woody	1.623e-06	6.315e-11	0.3825	0.03666	0.5552	0.0502
Marine	0.01519	2.843e-05	0.1156	0.5438	0.0169	0
Citrus	0.08308	1.799e-09	0.1557	2.213e-06	0.5643	0.5178

》圖 3.2-2　進一步視覺化

　　根據圖 3.2-2，11 種屬性可以區分 12 種香水，唯一例外的是 Citrus，但是，p.value=0.083 也只是相對不顯著；12 位品鑑者 Panelists 都顯著地區分 12 種香調屬性。

> **練習問題**
>
> 圖 3.2-2 中的 Session 和 Product:Session 兩欄，只有兩個屬性顯著，請問要如何解讀？

第三節　ANOVA 之二：使用 paneliperf()

　　SensoMineR 另一個重要的函數是 paneliperf()，這個函數產生兩個 ANOVA 模式：第一個就是上面介紹過的 panelperf()，被解釋變數是香味屬性；第二個依品鑑者逐次執行類似的 ANOVA（只適用於有兩個或多於兩個層次的因子）。

```
out.paneliperf <- paneliperf(experts,
                    formul="~(Product+Panelist+Session)^2",
                    formul.j="~Product+Session",
                    col.j=1,
                    firstvar=5,
                    synthesis=TRUE)
```

formul 是 panelperf() 的結構。

formul.j 是依品鑑者執行 ANOVA，下面會詳細解釋。

col.j 是品鑑者所在的欄位數，此資料為 1，也就是 panelists。

out.paneliperf 內有 10 個子物件，如下：

```
> names(out.paneliperf)
 [1] "prob.ind"  "vtest.ind"  "res.ind"   "r2.ind"   "signif.ind"
 [6] "agree.ind"  "complete"  "p.value"   "variability" "res"
```

其中較重要的有 3 個："prob.ind"、"agree.ind" 和 "res.ind"，解釋如下：

我們先看 prob.ind 內容，如圖 3.3-1。

```
> out.paneliperf$prob.ind
      Spicy  Heady  Fruity Green Vanilla Floral  Woody Citrus Marine Greedy Oriental Wrapping
CM  0.0463 0.0000 0.0449 0.0001  0.0074 0.0000 0.0026 0.0378 0.4398 0.0000   0.0000   0.1695
CR  0.3125 0.0655 0.0000 0.1816  0.0000 0.0758 0.0074 0.5044 0.5537 0.0018   0.0008   0.0331
GV  0.0131 0.0007 0.0657 0.7088  0.0160 0.1781 0.1410 0.2145 0.6399 0.0593   0.0127   0.1428
MLD 0.0071 0.0022 0.0000 0.3106  0.0000 0.0029 0.5000 0.0013 0.4442 0.0010   0.0157   0.0015
NMA 0.2352 0.3677 0.2145 0.4214  0.0126 0.0001 0.7872 0.5000 0.5308 0.0172   0.5493   0.4092
PR  0.0129 0.0000 0.2591 0.2359  0.0022 0.0001 0.6277 0.5378 0.6230 0.0000   0.0463   0.0011
RL  0.0039 0.0000 0.3259 0.5492  0.0079 0.0766 0.0866 0.0938 0.6792 0.0000   0.0028   0.0001
SD  0.0064 0.0000 0.1550 0.0254  0.0000 0.0220 0.1765 0.0000 0.5000 0.0002   0.0000   0.0936
SM  0.0021 0.0000 0.5743 0.0016  0.0000 0.0231 0.4543 0.0033 0.4489 0.0000   0.0000   0.0050
SO  0.0000 0.0001 0.0079 0.8162  0.0052 0.0001 0.0597 0.2502 0.5409 0.0000   0.0172   0.1272
SQ  0.0118 0.0116 0.0081 0.1030  0.2793 0.1116 0.0034 0.7299 0.5226 0.1539   0.0000   0.7920
ST  0.0001 0.0006 0.0001 0.0684  0.0366 0.0266 0.1258 0.0000    NaN 0.0000   0.0000   0.0001
```

▶圖 3.3-1

圖 3.3-1 列是品鑑者，行是香調屬性，內容數

字是產品效果 ANOVA 的 p.value，以左上角 0.0463
爲例，它是抽取品鑑者 CM 爲子樣本，然後依照
formul.j 的公式，執行如前述之 ANOVA：

summary(aov(**Spicy**~Product+Session,
data=**subset(experts, Panelist=="CM")**))

結果如圖 3.3-2。

```
> summary(aov(Spicy~Product+Session,data=subset(experts,Panelist=="CM")))
            Df Sum Sq Mean Sq F value Pr(>F)
Product     11  57.63   5.240   2.887 0.0463 *
Session      1   5.51   5.510   3.036 0.1093
Residuals   11  19.96   1.815
---
Signif. codes:  0 '***' 0.001 '**' 0.01 '*' 0.05 '.' 0.1 ' ' 1
```

》圖 3.3-2 Panelist-specific ANOVA：特定品鑑者 CM 的
ANOVA

圖 3.3-2 產品效果 Product 最右邊的 Pr(>F) 值
0.0463，就是圖 3.3-1 左上角的數值。從線性迴歸的
角度，等同於我們先擷取品鑑者子樣本，再執行一個
線性迴歸：

lm(Spicy~Product+Session, data=**subset(experts,
Panelist=="CM")**)

估計後，執行產品效果 =0 的結合檢定，如下虛

無假設：

$$H_0: \text{Product1}=\cdots= \text{Product12}=0$$

ANOVA 結果如下圖 3.3-3。

```
> out.lm=lm(Spicy~Product+Session,data=subset(experts,Panelist=="CM"))
> lmtest::waldtest(out.lm,"Product")
Wald test

Model 1: Spicy ~ Product + Session
Model 2: Spicy ~ Session
  Res.Df  Df      F  Pr(>F)
1   11
2   22 -11 2.8868 0.04632 *
---
Signif. codes:  0 '***' 0.001 '**' 0.01 '*' 0.05 '.' 0.1 ' ' 1
```

▶圖 3.3-3　線性檢定

或 ANOVA F 檢定，如圖 3.3-4。

```
> summary.aov(out.lm)
          Df Sum Sq Mean Sq F value Pr(>F)
Product   11  57.63   5.240   2.887 0.0463 *
Session    1   5.51   5.510   3.036 0.1093
Residuals 11  19.96   1.815
---
Signif. codes:  0 '***' 0.001 '**' 0.01 '*' 0.05 '.' 0.1 ' ' 1
```

▶圖 3.3-4　ANOVA F 檢定

綜合以上，都可以找到 p.value=0.0463 的結果；統計基本上都是一個很清楚的基礎原理，不論怎麼做，都是一樣。

其次是 agree.ind 矩陣。agree.ind 存儲了為每個品鑑成員計算的商品效應的調整平均值，與整體小組計算的相關係數 (correlation coefficient)。這個矩陣用於評估每個小組成員和其他小組成員感官看法的一致性程度。我們先看 agree.ind 內容，如圖 3.3-5。

```
> out.paneliperf$agree.ind
     Spicy Heady Fruity Green Vanilla Floral Woody Citrus Marine Greedy Oriental Wrapping
CM   0.93  0.94   0.80  0.94    0.66   0.74  0.96   0.28   0.10   0.67     0.90     0.38
CR   0.38  0.58   0.64  0.28    0.92   0.84  0.47   0.19   0.38   0.95     0.60     0.61
GV   0.85  0.90   0.74  0.66    0.74   0.67  0.83   0.74   0.35   0.83    -0.05     0.62
MLD  0.85  0.96   0.90  0.74    0.91   0.97  0.28   0.85   0.83   0.92     0.53     0.75
NMA  0.56  0.71   0.50  0.61    0.89   0.76 -0.29  -0.27   0.61   0.66     0.54     0.48
PR   0.93  0.94   0.10  0.32    0.85   0.80  0.81   0.37   0.82   0.90     0.78     0.91
RL   0.97  0.96   0.75  0.75    0.73   0.89  0.71   0.88   0.14   0.93     0.70     0.91
SD   0.71  0.90   0.88  0.86    0.92   0.80  0.35  -0.26   0.18   0.94     0.90     0.73
SM   0.74  0.77   0.70  0.95    0.89   0.85  0.57   0.22   0.51   0.90     0.58     0.78
SO   0.97  0.94   0.95  0.50    0.83   0.90  0.56   0.44   0.64   0.94     0.82     0.61
SQ   0.94  0.83   0.68  0.76    0.84   0.18  0.86   0.67   0.19   0.88     0.88    -0.01
ST   0.98  0.98   0.78  0.87    0.77   0.92  0.97   0.34     NA   0.95     0.89     0.84
```

▶圖 3.3-5

以左上角的 0.93 如何計算的為例，分解步驟如下：

第 1 步：設定對照條件

```
options(contrasts=c("contr.sum","contr.sum"))
```

以產品效果為例，當我們思考這樣的一個問題：「以 Spicy 香調性為例，哪個產品我認為其與眾不同？」

此「眾」指綜合平均概念下的其他商品。這樣就是要估計 α_i，因為產品是文字虛擬變數，所以，這個條件就是在檢定特定產品的係數是否為 0。令第 i 個產品的效果為 α_i，我們檢定這樣的假設：

$$H_0 : \alpha_i = 0$$
$$H_A : \alpha_i \neq 0$$

如果要估計一個唯一的 α_i，必須宣告某種限制條件。也就是：

$$\sum_i^I \alpha_i = 0$$

這個加總為 0 的限制條件之下，檢定特定產品效果為 $0(H_0 : \alpha_i = 0)$，相關於一些其他產品平均。在 R 語言，使用：

```
options(contrasts=c("contr.sum","contr.sum"))
```

就可宣告這個條件。關於 constrast 的詳細解釋，請逕自參考任何統計學教科書。

第 2 步：以香調性 Spicy 為被解釋變數，執行全樣本迴歸如下

```
out.a <- lm(Spicy~(Product+Panelist+Session)^2-1,
data=experts)
coef.a <- coef(summary(out.a))
a <- coef.a[1:12,1, drop=FALSE]
```

物件 a 是迴歸係數的商品效果，表示所有品鑑者 Panelists 的產品效果，因為整個迴歸係數很多，coef.a[1:12,1] 代表取前 12 個，因為只有 12 個商品。如圖 3.3-6。

```
> a
                            Estimate
ProductAngel                3.9000000
ProductAromatics Elixir     6.3041667
ProductChanel N5            3.7333333
ProductCinema               1.0833333
ProductCoco Mademoiselle    0.9125000
ProductJ'adore EP           0.2625000
ProductJ'adore ET           0.3416667
ProductL'instant            0.7375000
ProductLolita Lempicka      1.4000000
ProductPleasures            0.4916667
ProductPure Poison          1.6625000
ProductShalimar             6.1625000
```

▶▶圖 3.3-6　所有品鑑者對 Spicy 的平均商品效果

有興趣的讀者可以試著不宣告 options()，逕自執

行第 2 步，看看估計結果是不是相差甚遠。同時，宣
告後，12 個產品效果估計值的標準差完全一樣。

第 3 步：以香調性 Spicy 為被解釋變數，執行特定品
鑑者迴歸如下

```
out.b <- lm(Spicy~(Product+Session)-1,data=subset(
experts,Panelist=="CM"))
coef.b <- coef(summary(out.b))
b <- coef.b[1:12,1,drop=FALSE]
```

如圖 3.3-7。

```
> b
                                 Estimate
ProductAngel                 3.650000e+00
ProductAromatics Elixir      3.900000e+00
ProductChanel N5             2.850000e+00
ProductCinema                3.500000e-01
ProductCoco Mademoiselle     5.000000e-01
ProductJ'adore EP            0.000000e+00
ProductJ'adore ET            7.500000e-01
ProductL'instant             6.500000e-01
ProductLolita Lempicka      -4.088782e-17
ProductPleasures             3.500000e-01
ProductPure Poison           3.761680e-17
ProductShalimar              3.750000e+00
```

▶圖 3.3-7　特定品鑑者 CM 對 Spicy 的商品效果

第 3 步計算 a 與 b 的相關係數 cor(a, b)：

```
> cor(a,b, use = "pairwise.complete.obs")
        Estimate
Estimate 0.9300111
```

這樣，我們應該知道圖 3.3-5 就是在第 2 步，用每個品鑑者算出來的商品效果（12 位品鑑者的 12 種香調屬性），和第 1 步的商品效果計算相關係數。據此可知，圖 3.3-5 指出，品鑑者 NMA 在 Woody 和 Citrus 有與眾不同的感官。

將三步驟套一個迴圈，就可以完成。在套件 SensoMineR 用一個函數 paneliperf 就可以算出，相當簡單。

最後一個就是 "res.ind"，我們先看它長的什麼樣子，見圖 3.3-8。

```
> out.paneliperf$res.ind
     Spicy Heady Fruity Green Vanilla Floral Woody Citrus Marine Greedy Oriental Wrapping
CM    1.35  0.61   1.96  0.89    1.85   0.67  0.51   0.93   0.18   1.04     0.82     1.90
CR    0.96  2.35   1.12  0.13    0.93   1.53  1.11   1.19   0.87   1.59     1.99     2.02
GV    2.15  1.81   2.53  0.14    2.08   2.30  1.63   2.01   1.23   2.74     1.39     1.80
MLD   2.26  2.41   0.76  0.61    1.03   2.15  0.33   0.84   2.27   1.71     2.35     2.16
NMA   3.37  2.10   3.08  1.76    2.17   1.08  2.44   0.08   2.88   2.21     3.57     2.09
PR    1.32  1.12   1.74  0.92    1.56   0.90  1.24   1.25   0.42   1.04     2.20     1.33
RL    2.29  1.28   3.06  1.23    2.61   3.17  1.40   1.69   0.06   1.12     2.43     1.65
SD    1.68  1.56   2.06  2.18    1.23   2.36  1.70   0.79   0.05   1.61     0.20     2.79
SM    0.96  0.69   2.48  1.12    1.18   1.55  0.67   0.68   1.10   0.86     0.97     1.65
SO    1.09  1.63   1.97  0.83    1.10   0.81  1.12   1.99   1.32   1.05     2.33     2.35
SQ    1.58  1.61   1.16  0.38    1.60   1.66  0.80   1.58   0.56   1.73     0.53     1.86
ST    1.38  2.00   1.44  1.42    2.84   2.84  1.74   0.04   0.00   0.90     0.84     1.66
```

▶▶圖 3.3-8 　展示 res.ind

　　我們以左上角數值 1.35 來說明這個意義。回看圖 3.3-2，品鑑者 CM 產品效果 ANOVA 殘差的 Mean Sq 就是線性迴歸的變異數 1.815，開根號就是標準差 1.35。這樣，可以了解每個 panelist-specific 迴歸的配適程度優劣，子物件 "r2.ind" 就是迴歸的 R^2，有同樣的效果。

　　模型標準差大小可以作為判斷感官品鑑的可重複性，當然，也可以定義別的測量。我們用剛剛算出來的標準差矩陣為例，SensoMineR 有一個函數 magicsort，類似 apply 的功能，先產生指定的列行中心值，例如平均數或中位數，然後再依之排序。如圖 3.3-9。

```
out.magicsort <- magicsort(out.paneliperf$res.ind,
                                        method="median")
round(out.magicsort,2)
```

```
> round(out.magicsort,2)
       Marine Green Citrus Woody Greedy Spicy Vanilla Floral Heady Oriental Wrapping Fruity median
CM       0.18  0.89   0.93  0.51   1.04  1.35    1.85   0.67  0.61     0.82     1.90   1.96   0.91
SM       1.10  1.12   0.68  0.67   0.86  0.96    1.18   1.55  0.97     1.65     2.48   1.04
CR       0.87  0.13   1.19  1.11   1.59  0.96    0.93   1.53  2.35     1.99     2.02   1.12   1.16
SO       1.32  0.83   1.99  1.12   1.05  1.09    1.10   0.81  1.63     2.33     2.35   1.97   1.22
PR       0.42  0.92   1.25  1.24   1.04  1.32    1.56   0.90  1.12     2.20     1.33   1.74   1.25
ST       0.00  1.42   0.04  1.74   0.90  1.38    2.84   2.84  2.00     0.84     1.66   1.44   1.43
SQ       0.56  0.38   1.58  0.80   1.73  1.58    1.60   1.66  1.61     0.53     1.86   1.16   1.58
SD       0.05  2.18   0.79  1.70   1.61  1.68    1.23   2.36  1.56     0.20     2.79   2.06   1.65
RL       0.06  1.23   1.69  1.40   1.12  2.29    2.61   3.17  1.26     2.43     1.65   3.06   1.67
GV       1.23  0.14   2.01  1.63   2.74  2.15    2.08   2.30  1.81     1.39     1.80   2.53   1.91
MLD      2.27  0.61   0.84  0.33   1.71  2.26    1.03   2.15  2.41     2.35     2.16   0.76   1.93
NMA      2.88  1.76   0.08  2.44   2.21  3.37    2.17   1.08  2.10     3.57     2.09   3.08   2.19
median   0.72  0.90   1.06  1.18   1.35  1.48    1.58   1.60  1.62     1.69     1.88   1.96   1.50
```

▶ 圖 3.3-9

接著，利用圖 3.2-2 的技術，處理這個物件，如下：

```
coltable(round(out.magicsort,2),
level.lower=0.9328,
level.upper=2.033,
col.lower="lightgray",
col.upper="darkgray")
```

level.lower 矩陣內數值的下界，此例爲 0.9328，也就是 value<0.9328。

level.upper 矩陣內數值的上界，此例爲 2.033，也就是 2.033<value。

col.lower 滿足 value< level.lower 的所有數值上色，此例爲 lightgray。

col.upper 滿足 level.upper <value 的所有數值上色，此例爲 darkgray。

圖 3.2-2 繪製使用的 0.05 是用於統計檢定的顯著水準（prob.ind 表），因爲本例中用標準差，可以使用自訂區間邊界值。例如，本例使用的：value<0.9328 和 2.033<value，是基於所有標準差的 25% 和 75% 分量值：

```
> summary(c(out.paneliperf$res.ind))
```

Min.	1st Qu.	Median	Mean	3rd Qu.	Max.
0.0000	**0.9328**	1.4857	1.4926	**2.0330**	3.5698

也就是說，如果格子內的數字小於 0.9328，則予以 "lightgray" 色；如果格子內的數字大於 2.033，則予以 "darkgray" 色。因為紙本印刷為黑白，所以用深灰與淺灰對照；如果是檔案，則可以採用其他色彩。

　　上述語法產生的結果如圖 3.3-10，從品鑑者角度（橫列），它指出誤差小（可重複性高）的品鑑者，如 CM or SM 有較小的標準差；哪些不高，如 MLD 或 NMA。從色調感官屬性角度（直行），此表指出較容易評估的香調，如 Marine 或 Green；哪些香調感官不容易區分，如 Wrapping 或 Fruity。

　　最後我們介紹如何分析順序效果。感官品鑑往往會因為商品的出現次序而有影響，出現次序稱為 presentation order，也稱為 carry-over effect。在本例的資料利用 Rank 這個變數記錄商品的順序，在 Session=1，商品排序是 1:12；在 Session=2，商品排序是 12:1。也就是說，我們只有兩種設計：正序和倒序。要評估次序效果只需要添加 Rank 進去即可。回到圖 3.2-1 的模型，修改如下。

	Marine	Green	Citrus	Woody	Greedy	Spicy	Vanilla	Floral	Heady	Oriental	Wrapping	Fruity	median
CM	0.18	0.89	0.93	0.51	1.04	1.35	1.85	0.67	0.61	0.82	1.9	1.96	0.91
SM	1.1	1.12	0.68	0.67	0.86	0.96	1.18	1.55	0.69	0.97	1.65	2.48	1.03
CR	0.67	0.13	1.19	1.11	1.59	0.96	0.93	1.53	2.35	1.99	2.02	1.12	1.16
SO	1.32	0.83	1.99	1.12	1.05	1.09	1.1	0.81	1.63	2.33	2.35	1.97	1.22
PR	0.42	0.92	1.25	1.24	1.04	1.32	1.56	0.9	1.12	2.2	1.33	1.74	1.25
ST	0	1.42	0.04	1.74	0.9	1.38	2.84	2.84	2	0.84	1.66	1.44	1.43
SQ	0.56	0.36	1.58	0.8	1.73	1.58	1.6	1.66	1.61	0.53	1.86	1.16	1.58
SD	0.05	2.18	0.79	1.7	1.61	1.68	1.23	2.36	1.56	0.2	2.79	2.08	1.64
RL	0.06	1.23	1.69	1.4	1.12	2.29	2.61	3.17	1.28	2.43	1.65	3.08	1.67
GV	1.23	0.14	2.01	1.63	2.74	2.15	2.06	2.3	1.81	1.39	1.8	2.53	1.91
MLD	2.27	0.61	0.84	0.33	1.71	2.26	1.03	2.15	2.41	2.35	2.16	0.76	1.93
NMA	2.86	1.76	0.06	2.44	2.21	3.37	2.17	1.08	2.1	3.57	2.09	3.08	2.19
median	0.72	0.91	1.06	1.18	1.36	1.48	1.58	1.6	1.62	1.69	1.86	1.97	1.5

▶圖 3.3-10 強調指定條件

```
out.PO <- panelperf(experts, firstvar=5,
          formul="~(Product+Panelist+Session)^2 + Rank")
```

再用相同的方法，繪製 coltable，如下圖 3.3-11。在 Rank 那欄，12 個感官屬性的順序效果，有 7

個達到統計顯著水準，5 個沒有顯著的順序效果。

	Product	Panelist	Session	Rank	Product:Panelist	Product:Session	Panelist:Session
Spicy	0	0	0.891	0.006	0	0.173	0.119
Heady	0	0	0.644	0.012	0	0.373	0.111
Fruity	0	0	0.937	0.153	0	0.91	0.774
Green	0	0	0.066	0.069	0	0.856	0.707
Vanilla	0	0	0.23	0.003	0	0.56	0.027
Floral	0	0	0.027	0.26	0	0.036	0.179
Woody	0	0	0.382	0.12	0.041	0.544	0.047
Citrus	0.076	0	0.156	0.002	0	0.504	0.456
Marine	0.016	0	0.116	0.6	0.546	0.018	0
Greedy	0	0	0.491	0.001	0	0.57	0.001
Oriental	0	0	0.142	0.027	0	0.977	0.001
Wrapping	0	0	0.008	0.003	0	0.303	0.361

▶圖 3.3-11　coltable(round(out.PO$p.value,3), col.
lower="lightblue")

((•)) **練習問題**

一般認為，排序第一的會給予較強烈的感官，因為品鑑者還沒有受到其餘商品的影響，這也稱為首位效應 (first-order effect)。請產生一個名稱為 FO 的二元新變數，如果 Rank 是 1，則 FO=1，其餘為 0。利用上例，評估首位效應是否有統計顯著性。

第 四 章

商品角度的感官評分之一：
單維度屬性清單

第一節　資料

　　第一節是從評分者 panelist 的角度分析感官評分，本節承續前面資料，從商品的角度分析感官評分，也就是如何以香調屬性，架構一個商品空間。要完成這項工作，我們將使用多變量方法中的主成分分析方法 (Principal Component Analysis, PCA)。分兩步驟解說：

　　第 1 步，計算 12 屬性的產品效果。

　　首先，計算 12 屬性的產品效果，也就是圖 3.1-1 的數據，這數據也稱爲香調屬性的產品效果（調整平均數）。我們可以設計一個迴圈完成，如下：

```
Attributes=names(experts)[5:ncol(experts)]
adjmean=NULL
for (i in Attributes) {
    tmp=coef(lm(experts[,i]~Product+Panelist-1,
    data=experts))[1:12]
```

```
            adjmean=cbind(adjmean,tmp)
        }

        colnames(adjmean)=Attributes
        rownames(adjmean)=sort(experts[,"Product"][1:12])
```

adjmean 是 12×12 矩陣，如圖 4.1-1。

```
> round(adjmean,2)
                  Spicy Heady Fruity Green Vanilla Floral Woody Citrus Marine Greedy Oriental Wrapping
Angel              3.90  7.84   1.92  0.11    7.18   2.49  1.18   0.41   0.14   7.89     4.76     7.55
Aromatics Elixir   6.30  8.31   0.61  0.52    1.82   4.30  2.64   0.60   0.09   0.34     7.45     7.72
Chanel N5          3.73  8.21   0.97  0.44    1.79   6.15  0.95   0.93   0.15   0.63     6.38     7.85
Cinema             1.08  2.20   5.13  0.21    4.86   5.55  1.02   1.05   0.59   4.38     2.87     5.57
Coco Mademoiselle  0.91  1.14   5.06  0.78    1.95   7.98  0.80   1.24   0.66   2.94     3.09     4.80
J'adore EP         0.26  1.18   6.40  1.56    0.47   8.40  0.91   2.17   1.03   1.30     1.14     3.57
J'adore ET         0.34  1.29   5.63  1.48    0.88   8.18  0.88   1.58   0.28   1.86     0.92     3.32
L'instant          0.74  2.28   3.84  0.30    4.89   7.38  0.98   0.71   0.68   3.38     3.05     5.65
Lolita Lempicka    1.40  4.41   3.35  0.49    8.08   3.03  0.71   0.81   0.15   9.15     3.68     7.64
Pleasures          0.49  0.91   4.46  3.25    0.28   8.25  0.71   1.61   1.14   0.67     1.04     2.63
Pure Poison        1.66  1.90   3.55  0.63    1.92   7.23  1.35   0.60   0.57   1.49     2.40     5.22
Shalimar           6.16  7.89   0.93  0.38    3.25   4.50  2.92   0.88   0.13   1.06     7.62     7.33
```

▶ 圖 4.1-1

接下來就是將主成分分析法用在這筆數據。
第 2 步如下第二節。

第二節　主成分方法簡介

把大量變數簡化成幾個主成分的演算方法，歸為多變量統計學。多變量統計方法 (multivariate statistics) 是一個專門處理高維度資料 (high-dimension) 的方法，多變量統計方法往往也歸類於降維方法，一般所講的因子分析法 (factor analysis) 都是這些方法。將觀察不到的資料，但是可以由觀察到的資料產生的稱爲因子 F。但是，多變量方法不一定是資料維度要非常非常高，而是對觀察不到的潛在變數 (potential variables)，產生測量；例如，消費者滿意程度的測量，可以透過 10 個問題（維度）的問卷，問 2,000 個消費者（觀察值），就可以產生一個「消費者滿意程度」的測量指數。也就是說，一個不能直接觀察的變數或無法蒐集的資料，就稱爲因子 (factor) 或主成分 (principal components)，如以下例子。

　　假設某大學畢業生，因爲資料解析的能力獲得香港 7 家外商的青睞，他善用自己的專長評估這 7 家外商公司。他首先建構了一張 5 個構面的表：家庭生活、區位、工作挑戰、財務和學習。然後，根據自己的認知，給予分數，結果如下：

表 4.2-1

公司	家庭生活	區位	工作挑戰	財務	學習
Accenture	1	3	8	8	7
Microsoft	9	4	4	4	5
Looker	5	6	6	5	3
Start-up	2	8	9	2	8
Salesforce	8	9	4	3	4
Google	7	8	3	4	5
Safeway	5	3	5	3	6

　　上表的資訊，可以先由 5 個構面取出 2 個（家庭生活 vs. 工作挑戰），來繪製數據之間關係，如下圖 4.2-1，圖中呈現的負相關意味著家庭生活和工作挑

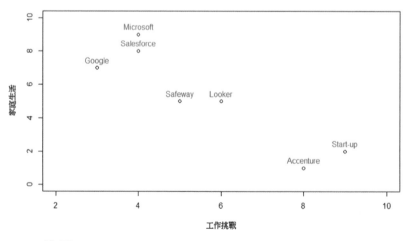

▶圖 4.2-1

戰兩者之魚與熊掌不可兼得的性質，如果依照中庸之道，或許 Safeway 是不錯的選擇。

問題來了！圖 4.2-1 只是兩構面，這個自我問卷有五構面，另三個構面的資訊要如何採納？

把五個構面用線性組合綜合起來，成為一個構面主成分 (principal component)，如下：

$$PC1 = 0.57 \cdot 家庭 - 0.55 \cdot 挑戰 - 0.48 \cdot 學習 + \mathbf{0.28} \times 區位 - \mathbf{0.27} \times 財務$$

$$PC2 = 0.11 \cdot 家庭 - 0.24 \cdot 挑戰 - 0.34 \cdot 學習 - \mathbf{0.61} \times 區位 + \mathbf{0.68} \times 財務$$

(0.57, -0.55, -0.48, 0.28, -0.27) 稱為因子負載 (factor loadings)，就是線性組合的係數；主成分分析中，不直接稱係數，是因為這些數字的產生，不是線性迴歸。

這個時候，PC1 和 PC2 就是構面的綜合體，利用表 4.2-1 的數字代入，PC1 就會產生 7 家公司的分數 (score)，分數的意義可以由係數正負來看。例如，PC1 正值越大的公司，根據方程式，家庭和區位的重要性越高。

我們將 PC1 和 PC2 的值，分別繪製於 X 軸和 Y 軸，這就是稱為 biplot 雙標圖，可以在兩兩關聯之外，檢視此人對7家公司的綜合評分。如下圖4.2-2。

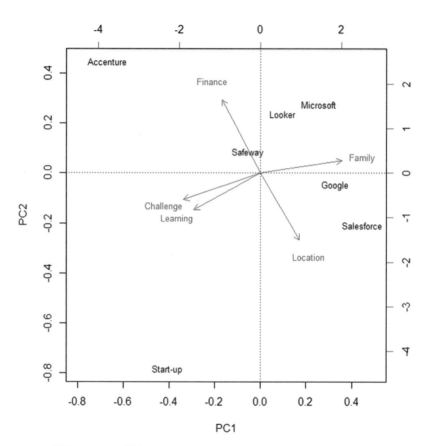

▶▶圖 4.2-2　雙標圖 bi-plot

如果由 X 軸開始順時針四邊分別以代號稱為 1、2、3、4（X 軸是 1，Y 軸是 2），X 軸的對面是 3，刻度為 PC1 的 5 個構面的 factor loadings；Y 軸的對面是 4，刻度為 PC2 的 5 個構面的 factor loadings。一個構面有兩個 factor loadings，例如，家庭有 (0.57, 0.11)，這點座標定好後，就可以畫一條源自原點 (0, 0) 的射線。

數學上，五個構面最多產生五個彼此獨立（無關）的主成分，利用解釋能力，可以萃取少量主成分，代表大量的變數（構面）。所以，如果一筆資料有成千個變數，主成分方法可以提取少量主成分，但是不失千個變數的資訊；就是將變數縮減，也稱為降維方法 (dimension reduction)，也是大數據常用的方法。

前述採用簡單方法說明主成分分析的核心觀念，進一步的討論，我們將使用一筆資料表來解釋。圖 4.2-3 是 1986 年美國犯罪率：記錄了 50 個州加上 DC（哥倫比亞特區）每 10 萬人的犯罪人數。如果我們不是要研究特定犯罪率 (Y) 受哪些犯罪率 (X) 的影響時，之前的迴歸方法就直接用不上（雖然換個角度，主成分也是迴歸）。因為沒有明確的被解釋變數 Y，機器學習稱此為非監督式學習 (un-supervised learning)。

　　主成分分析把犯罪欄（直行）的數字組成一個成
分，將 50 個州（橫列）予以分類。

	Murder	Rape	Robbery	Assault	Burglary	Theft	Vehicle
AK	8.6	72.7	88	401	1162	3910	604
AL	10.1	28.4	112	408	1159	2304	267
AR	8.1	28.9	80	278	1030	2305	195
AZ	9.3	43.0	169	437	1908	4337	419
CA	11.3	44.9	343	521	1696	3384	762
CO	7.0	42.3	145	329	1792	4231	486
CT	4.6	23.8	192	205	1198	2758	447
DC	31.0	52.4	754	668	1728	4131	975
DE	4.9	56.9	124	241	1042	3090	272
FL	11.7	52.7	367	605	2221	4373	598
GA	11.2	43.9	214	319	1453	2984	430
HI	4.8	31.0	106	103	1339	3759	328
IA	1.8	12.5	42	179	956	2801	158

》圖 4.2-3　美國 50 州的犯罪率（每 1 萬人）

　　我們先從一個變數開始解釋，假設我們只有
50 個州的謀殺 (Murder) 數據，要分類很簡單：用
Murder 對 50 個州簡單排序 (simple sorting)，就可以
看出高謀殺和低謀殺的州。當我們有兩個變數時，例
如，增加竊盜 (Theft)，簡單排序就派不上用場，甚
至會遇到很多兩難的地方，如果有 3 個變數又更困難
了。這個時候，可以用一個想法：Murder 和 Theft 之
間形成一個線性組合，如下：

$$a \times Murder + b \times Theft = P$$

　　這樣就把 2 筆數據變成 1 筆數據，就可以簡單排序。係數 a 和 b 決定了 Murder 和 Theft 要貢獻多少比重，以組成一個主要的成分，所以這個線性組合產生的一筆因子數據 P，就稱爲主成分 (principal component)。在現實生活，物價指數、股價指數，都是主成分的概念，也就是多筆數據加權平均，成爲一個主要指數。所以，股價指數都會有其構成的成分股。

　　數學上，兩維空間恰有兩個正交向量：[0, 1] 和 [1, 0]，因此，此例有兩個變數，係數就有兩組：$[a_1, b_1]$ 和 $[a_2, b_2]$；且這兩組係數計算的主成分彼此線性獨立[1]。因此，如果有 10 個變數，就有 10 個主成分產生。每個主成分都解釋了整體數據的一部分變異，要幾個主成分，就看累加解釋變異有多高。當變數很多導致對分類困難時，這樣的方法簡化了大量資料帶

1　理論上要求正交，但因爲正交過於嚴格，實務上要求線性獨立。在線性代數，「正交和獨立」都有嚴格數學定義，若讀者不易理解正交，就用線性獨立；再簡，可以用「無關」來理解。

來的分析難度。如果一筆 100 個欄位變數，10 個主成分解釋了 85% 的資料變異，那麼就等於維度下降 (dimension reduction)，我們就可以用 10 個主成分對列樣本分類。下面會以實做來解釋這個問題。

主成分分析法藉助於一個正交轉換，將其相關的原隨機向量轉化成不相關的新隨機向量，這在代數上表現為將原隨機向量的共變異數矩陣變換成為對角形陣，在幾何上表現為將原座標系變換成新的正交座標系，使之指向樣本點散布最開的 p 個正交方向，然後對多維變數系統進行降維處理，使之能以一個較高的精確度轉換成低維變數系統，再透過構造適當的價值函數，進一步把低維系統轉化成一維系統。

如下面系統方程式：x_1~x_q 是實際變數資料，F_1~F_q 是未知的因子。也就是說，實際變數資料 x_1~x_q 的線性組合產生一個因子主成分 P，q 個 x 變數，最多是 q 個線性組合，故最多也是 q 個因子 P。

$$P_1 = a_{11}x_1 + a_{12}x_2 + \cdots + a_{1q}x_q$$
$$P_2 = a_{21}x_1 + a_{22}x_2 + \cdots + a_{2q}x_q$$
$$\vdots$$
$$P_q = a_{q1}x_1 + a_{q2}x_2 + \cdots + a_{qq}x_q$$

$$\mathbf{a}_1^T = \left(a_{11}, a_{12}, \ldots, a_{1q}\right) \qquad \mathbf{a}_2^T = \left(a_{21}, a_{22}, \ldots, a_{2q}\right)$$

$$\mathbf{a}_1^T \mathbf{a}_1 = 1 \qquad \mathbf{a}_2^T \mathbf{a}_1 = 0$$

$$\mathrm{var}(x_q) = s_q^2 \qquad \mathrm{cov}(x_i, x_j) = s_{ij}$$

共變異數矩陣 S，可以寫成：

$$S = \begin{bmatrix} s_1^2 & s_{12} & \cdots & s_{1q} \\ s_{21} & s_2^2 & \cdots & \vdots \\ \vdots & \vdots & \cdots & \vdots \\ s_{q1} & \cdots & & s_q^2 \end{bmatrix}$$

解特徵值（eigenvalues 或 characteristics values)

$$eigen(S) = \{\lambda_1, \cdots \lambda_q\}$$

$$\sum_{i=1}^{q} \lambda_i = s_1^2 + s_2^2 + \cdots + s_q^2 = \mathrm{trace}(S)$$

$$R_j = \frac{\lambda_j}{\mathrm{trace}(S)} \text{(proportion accounted by } j\text{ - th PC)}$$

R_j 的累進，可以判斷要多少個 PC。

第三節　adjmean 的主成分分析

接下來，我們就是將 PCA 套用到圖 4.1-1 的資料表，來分析香調屬性的商品空間。PCA 多半用視覺化將結果簡化，如下：

首先，使用套件 FactoMineR 的函數 PCA 執行估計：

```
library(FactoMineR)
resPCA = PCA(adjmean)
```

估計完，利用 names(resPCA) 檢視子物件，其中 eig 如下：

head(resPCA$eig) 看前 6 筆，如下圖 4.3-1。

```
> head(resPCA$eig)
       eigenvalue percentage of variance cumulative percentage of variance
comp 1  7.7061319             64.217766                         64.21777
comp 2  2.6238864             21.865720                         86.08349
comp 3  0.5622013              4.685011                         90.76850
comp 4  0.3797965              3.164971                         93.93347
comp 5  0.3736412              3.113677                         97.04714
comp 6  0.2331283              1.942736                         98.98988
```

▶圖 4.3-1　PCA 的特徵值結果

圖 4.3-1 最後欄就是因子累積的變異比重，以 85% 為界，兩個香調因子就可以解釋 12 個產品之間的變異。接下來，我們用套件 factoextra 繪製第二欄的陡坡圖 scree plot，語法如下，結果如圖 4.3-2。

```
library(factoextra)
```

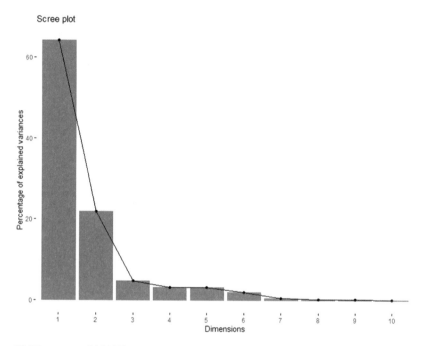

》圖 4.3-2　陡坡圖 scree plot

我們接著畫初步的 Factor Map，也就是商品空間
圖，原始資料存於 res.pcaindcoord，語法如下：

```
fviz_pca_ind(resPCA,
            col.ind = "cos2", # Color by the quality of representation
            gradient.cols = c("#00AFBB", "#E7B800", "#FC4E07"),
            repel = TRUE        # TRUE= 避免文字重疊
            )
```

　　請注意，在 FactoMineR 套件中的函數或宣告，ind(=individual) 指的是商品（香水），var(=variables) 指的是感官屬性。

　　這個函數先計算每成分賦予品牌的 score，也就是 resPCAindcoord 的座標資料，這個資料也是主成分給商品打的分數，如圖 4.3-3(A)。

　　圖 4.3-3(B) 商品投影到二維四象限的平面。這張圖約略將 12 種香水品牌歸類，簡單分析如下：

　　第 1 象限有三種香水：Aromatics、Shalimar 和 Chanel N5。也就是說，12 位評分者的 12 種感官評分，認為這三種香水彼此的相似度高，替代性強。第 2 象限有兩種香水：Angel 和 Lolita Lempicka 較為與眾不同。

```
> resPCA$ind$coord
                       Dim.1   Dim.2   Dim.3   Dim.4   Dim.5
Angel                 3.3874 -2.0621  0.7086 -0.1008  0.2147
Aromatics Elixir      3.7364  2.3858  0.0928  0.2247  0.1924
Chanel N5             2.1005  1.2336 -0.1250 -1.5062 -0.8985
Cinema               -0.5031 -1.4376 -0.5493  0.5926  0.0143
Coco Mademoiselle    -1.8422 -0.2394 -0.6804 -0.0371 -0.1773
J'adore EP           -4.0120  0.6275  0.2930  0.7218 -0.6302
J'adore ET           -2.8131  0.2100 -0.0987  0.1134 -1.0046
L'instant            -0.5232 -1.0366 -1.0680 -0.2473  0.6900
Lolita Lempicka       1.7740 -3.2284  0.8279  0.0533 -0.2670
Pleasures            -4.2542  1.1576  1.5214 -0.5220  0.9854
Pure Poison          -0.6584  0.2550 -1.0912 -0.2607  0.7932
Shalimar              3.6078  2.1346  0.1690  0.9683  0.0877
```

(A)

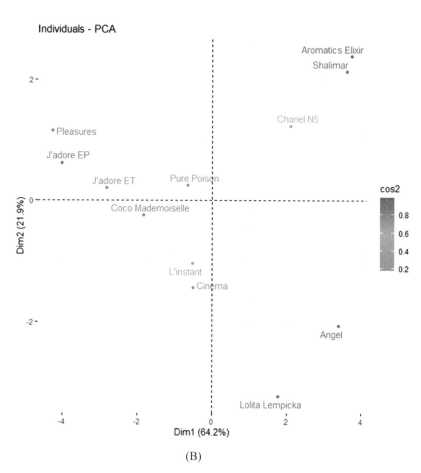

(B)

》圖 4.3-3　香調性識別的品牌空間 factor map

　　第 1 象限和第 3 象限的分類，香調屬性是相反
的，也就是說：12 位評分者的 12 種感官評分，象限
內各自的三種產品，彼此的綜合香調是相反的（反方

向），也就是互補性高。同理，第 2 象限和第 4 象限
也是如此。

　　如果想要知道對商品空間最有貢獻的香水是哪
些，以 5 個為例，語法如下，結果如圖 4.3-4。

```
plot.PCA(resPCA,
        choix="ind", # ind 代表商品，也就是香水
        col.ind="blue", # 標籤顏色
        select="contrib 5")
```

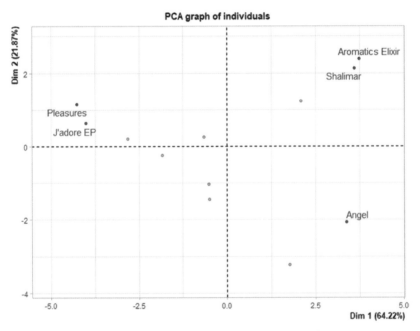

▶▶圖 4.3-4　對香水產品空間最有貢獻的 5 種香水

接下來我們看香調屬性，可以用以下語法：

```
fviz_pca_var(resPCA,
            col.var = "contrib", # Color by contributions to the PC
            gradient.cols = c("#00AFBB", "#E7B800", "#FC4E07"),
            repel = TRUE      # Avoid text overlapping
            )
```

這個函數計算每個香調屬性的 loadings，也就是 resPCAvarcoord 的座標資料，這個資料也是特定主成分中，特定商品屬性的權重，如圖 4.3-5(A)。

```
> resPCA$var$coord
            Dim.1    Dim.2    Dim.3    Dim.4    Dim.5
Spicy       0.8716   0.4596   0.1079   0.0898   0.0334
Heady       0.9247   0.2233   0.1982  -0.1206  -0.1266
Fruity     -0.8985  -0.3110  -0.1113   0.2478  -0.1298
Green      -0.7409   0.3145   0.5445  -0.1120   0.1494
Vanilla     0.5518  -0.8024   0.0640   0.1069   0.1170
Floral     -0.8728   0.3394  -0.2953  -0.1380  -0.0313
Woody       0.6415   0.6002  -0.0500   0.4360   0.1600
Citrus     -0.8138   0.2273   0.2588   0.2039  -0.3810
Marine     -0.8660   0.0560   0.0372   0.0378   0.3515
Greedy      0.2787  -0.9304   0.1958   0.0935  -0.0060
Oriental    0.9157   0.3365  -0.0058  -0.0148  -0.0422
Wrapping    0.9637  -0.1191  -0.0428  -0.1039  -0.0809
```

(A)

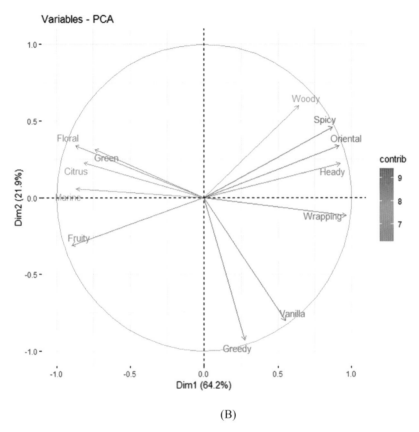

(B)

▶圖 4.3-5　香調屬性感官分布圖

　　因為有關香調屬性之間關係的解讀，前面已經有
了，於此不贅述，有興趣的讀者，可以依照原理，自
行解讀。同上，如果想要知道對感官空間最有貢獻的
香調屬性是哪些，以 6 個為例，語法如下，結果如圖

4.3-6。

```
plot.PCA(resPCA,
    choix="var", # var 代表感官屬性
    select="contrib 6",
    col.var="purple")
```

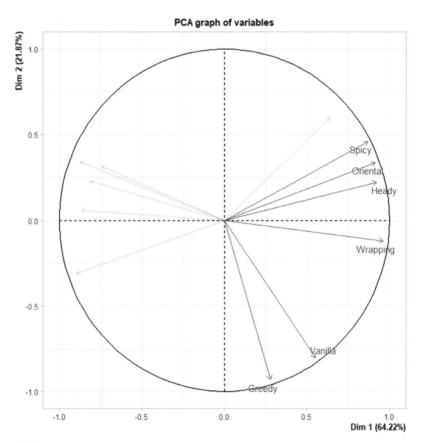

》圖 4.3-6

最後，將上面圖 4.3-4 和圖 4.3-5 兩個合併起來的雙標圖，語法如下：

```
fviz_pca_biplot(resPCA,
                col.var = "#2E9FDF", # Variables color
                col.ind = "#696969", # Individuals color
                repel = TRUE
                )
```

結果如圖 4.3-7。

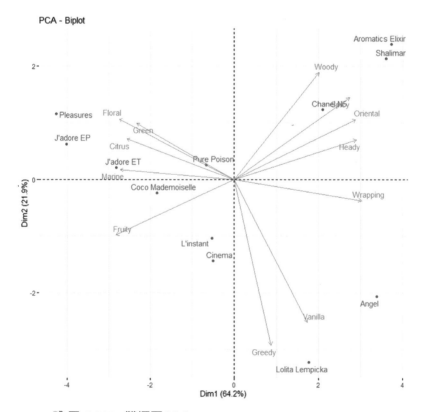

▶▶ 圖 4.3-7　雙標圖 biplot

　　圖 4.3-7 的解讀還是依照象限。例如，第 1 象限是由四種香調屬性描述的，分別是 Woody、Spicy、Oriental 和 Heady。這四種屬性和 Fruity 相反，而且第三象限只有一種屬性，區別三種香水。

　　其次，依照第四象限，如果喜歡 Wrapping 和 Vanilla，則可以選用 Angel。依照第二象限，三種香水擁有五種香調屬性。

　　最後，Greedy 和 Heady，以及 Spicy 和 Vanilla 互相接近垂直，在向量空間的意義，垂直可以視爲無關：也是向量內積爲 0，或相關性爲 0。

第四節　集群分析方法

　　集群分析 (cluster analysis) 是將資料檔中的觀測值或變數加以歸類在各個集群內，也就是把沒有分類的個體按相似程度歸於同一群，如圖 4.4-1，圖中的兩軸，就是第二節所介紹的主成分。原始資料可以被兩個因子妥善地分類，所以，集群分析可以作資料簡化。

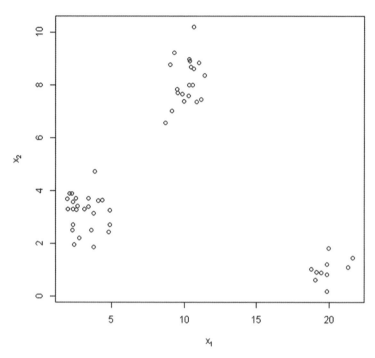

▶圖 4.4-1 模擬範例

即便如此，因子分析和集群分析並不是一樣的。因子分析是將相似性高的變數 (variables) 集成一群；集群分析則是將變數相似性高的觀察值 (observations) 集成一群。集群分析的大部分應用都屬於探索性研究，最終結果是產生研究對象的分類。集群分析使在同一集群內的事物具有高度的同質性 (homogeneity)，而不同集群的事物具有高度的異質性

(heterogeneity) 或互相沒有交集。

　　集群分析分類的方法有兩大形式，階層 (hierarchical) 與非階層法 (non-hierarchical)，結合兩種方法的集群分析則稱為兩階段法：

一、階層法：以個體間某項量測的距離或相似性將個體連結，但是事前並不知道分類的個數，通常可表示成樹狀圖。

二、K-means 非階層法：事前依據其他研究或主觀認定，決定要將群體分成幾群。演算上，給予所有的樣本隨機歸群，然後計算中央距離，再調整。這樣的疊代演算到誤差最小。

　　階層法不需要事先給予幾群，而且有視覺化的樹狀顯示。兩個方法分類的共識，我們會在第四節最後做一個比較。

　　先說明集群分析的原理。集群分析的目標變數（target variable，或指標變項）為連續變項。同一集群內觀察體相似性高，集群與集群間相異性最大。觀察量的單位須一致，常用者為 z scale 轉換。變數觀察值大於 200 時，較適合使用 K-means 法。也可用 PCA/EFA 篩選出解釋力較大的因素來當作集群分析所需的指標變項。

　　選擇分類變數時要注意克服「加入盡可能多的變數」這種錯誤觀念，此外所選擇的變數之間不應該高度相關。選定了分類變數，下一步就是計算研究對象間的相似性，相似性反應了研究對象間的親疏程度。計算出相似性矩陣之後，下一步就是要對研究對象進行分類。這時主要涉及到兩個問題：一是選定集群方法；二是確定形成的分類數。得到集群結果後，最後一步還應對結果進行驗證和解釋。

　　集群分析需要距離衡量方法，很多種相似的衡量方法，都從不同的角度衡量了研究對象的相似性，其主要分為距離衡量和關聯衡量兩種，我們此處介紹距離法，關聯依賴相關係數，在第五節後面實做的時候會提到。

一、歐幾里得直線距離 (Euclidean distance)：

$$\text{Distance}(X, Y) = \sqrt{\sum_i \left(X_i - Y_i\right)^2}$$

二、歐幾里得直線距離平方：

$$\text{Distance}(X, Y) = \sum_i \left(X_i - Y_i\right)^2$$

三、區塊 (block) 距離：

$$\text{Distance}(X, Y) = \sum_i \left| X_i - Y_i \right|$$

　　要求觀察值之間的距離必須採用歐氏距離。最小變異數加總與平均數連結法一樣，分類效果較好，在社會科學領域應用較廣泛的集群方法。

　　計算完距離後的歸群方法有多種，常用的是聚合式階層分群法 (agglomerative hierarchical clustering)，由樹狀結構的底部開始層層聚合。一開始我們將每一筆資料視為一個集群，假設我們現在擁有 n 筆資料，若一筆資料一群，則有 n 個集群：

一、將每筆資料視為一個集群 C_i, i = 1 ... n.。

二、找出所有群聚間，距離最接近的兩個集群 C_i 和 C_j。

三、合併 C_i 和 C_j 成為一個新的集群。

四、假如目前的集群數目多於我們預期的集群數目，則反覆重複步驟二至四，直到集群數目降到我們所要求的數目。

　　下面介紹六種聚合 (agglomeration) 方法，最常用的是前三種：

一、完整法 (Complete)

使用最大集群差異 (dissimilarity)，計算所有成對差異，然後記錄最大的差異。

二、單一連結法 (Single Linkage)，或稱最短距離法 (Nearest Neighbor)

$$D_{pq} = \min_{x_i \in G_p, x_j \in G_q} d_{ij}$$

最短距離法主要的缺點為容易形成一個比較大的組。大部分的觀察值皆被聚集在同一組，故最短距離法在研究上很少被使用。

三、平均連結法 (Average Linkage)

$$D_{pq} = \frac{\sum\limits_{i \in p} \sum\limits_{j \in q} d_{ij}}{n}$$

把兩群間的距離定義為兩群中所有觀察值之間距離的平均值，不再依賴於特殊點之間的距離。平均連結法效果較好，也是應用較廣泛的一種集群方法。

四、重心法 (Centroid Clustering)

$$D_{pq} = D(\overline{x}_p, \overline{x}_q) = \left\| \overline{x}_p - \overline{x}_q \right\|^2$$

每一群的重心是該群中所有觀察值在各個變數上的均值所代表的點。每合併一次群，都需要重新計算新群的重心。與重心法相似的方法為中位數法。

五、中位數法 (Median Clustering)

把兩群之間的距離定義為兩群中位數之間的距離。

六、最小變異數加總方法 (Wald Method)

$$D_{pq} = n_p \cdot \left\| \overline{x}_p - \overline{\overline{x}} \right\|^2 + n_q \cdot \left\| \overline{x}_p - \overline{\overline{x}} \right\|^2$$

其作法是同一群內觀察值的「變異數加總」應該較小，不同群之間觀察值的「變異數加總」應該較大。

所有的階層集群法都可以用樹狀圖 (dendrogram) 表示。被分類的單位過多時，樹狀圖視覺化的缺點就很明顯，最重要的還是用 K-means 和階層法比較。

接下來，我們利用資料，講解這一點實際操作方法。我們有如下圖 4.4-2 的資料，記錄了 20 個人的體測量，如胸寬 (chest)、腰 (waist) 和臀部 (hips)。

```
   chest waist hips gender
1    34    30    32   male
2    37    32    37   male
3    38    30    36   male
4    36    33    39   male
5    38    29    33   male
6    43    32    38   male
7    40    33    42   male
8    38    30    40   male
9    40    30    37   male
10   41    32    39   male
11   36    24    35   female
12   36    25    37   female
13   34    24    37   female
14   33    22    34   female
15   36    26    38   female
16   37    26    37   female
17   34    25    38   female
18   36    26    37   female
19   38    28    40   female
20   35    23    35   female
```

▶圖 4.4-2

集群計算只需要數字，故將上述資料的 gender 欄移除，用 dist(measure[, c("chest", "waist", "hips")]) 計算距離函數，如下圖 4.4-3。

```
        1     2     3     4     5     6     7     8     9    10    11    12    13    14    15    16    17    18    19
2    6.16
3    5.66  2.45
4    7.87  2.45  4.69
5    4.24  5.10  3.16  7.48
6   11.00  6.08  5.74  7.14  7.68
7   12.04  5.92  7.00  5.00 10.05  5.10
8    8.94  3.74  4.00  3.74  7.07  5.74  4.12
9    7.81  3.61  2.24  5.39  4.58  3.74  5.83  3.61
10  10.10  4.47  4.69  5.10  7.35  2.24  3.32  3.00
11   7.00  8.31  6.40  9.85  5.74 11.05 12.08  8.06  7.48 10.25
12   7.35  7.07  5.48  8.25  6.00  9.95 10.25  6.16  6.40  8.83  2.24
13   7.81  8.54  7.28  9.43  7.55 12.08 11.92  7.81  8.49 10.82  2.83  2.24
14   8.31 11.18  9.64 12.45  8.66 14.70 15.30 11.18 11.05 13.75  3.74  5.20  3.74
15   7.48  6.16  4.90  7.07  6.16  9.22  9.00  4.90  5.74  7.87  3.61  1.41  3.00  6.40
16   7.07  6.00  4.24  7.35  5.10  8.54  9.11  5.10  5.00  7.48  3.00  1.41  1.41  4.90  1.41
17   7.81  7.68  6.71  8.31  7.55 11.40 10.77  6.71  7.87  9.95  3.74  2.24  1.41  5.10  2.24  3.32
18   6.71  6.08  4.58  7.28  5.39  9.27  9.49  5.39  5.66  8.06  2.83  1.00  2.83  5.83  1.00  1.00  2.45
19   9.17  5.10  4.47  5.48  7.07  6.71  5.74  2.00  4.12  5.10  6.71  6.40  9.85  3.46  3.74  5.39  4.12
20   7.68  9.43  7.68 10.82  7.00 12.41 13.19  9.11  8.83 11.53  1.41  3.00  2.45  2.45  4.36  4.12  3.74  3.74  7.68
```

▶圖 4.4-3

　　然後宣告階層式集群，結果如圖 4.4-4，也稱爲階層式集群樹狀圖 (cluster dendrogram)，是依照 Ward method 所計算的距離遠近（Y 軸），做成兩個分類產生。

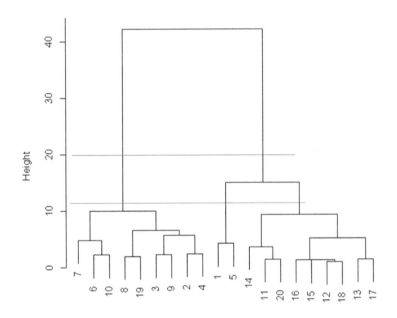

Observation Number in Data Set measure
Method=ward; Distance=euclidian

▶圖 4.4-4　階層式集群樹狀圖

　　由階層式分析樹狀圖，最後決定要多少群的方法相當主觀：畫水平截線 (cut)。以圖 4.4-4 為例，如果在 Height=20 處畫一條水平線，就是 2 群；在 Height=12 處畫一條水平線，就是 3 群。沒有客觀方法可資參考。

　　階層式的集群樹狀圖依照不同的分類準則，會有不同的結果，如圖 4.4-5 分別顯示出依照 single、complete、average 等三個聚合方法所做出的歸類都不

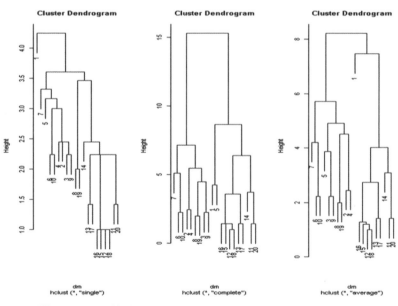

▶圖 4.4-5　集群樹狀圖

太一樣。面對這樣的問題時，主要在於分類完的結果對於預測有如何的協助，或是必須依照專業知識檢視合理性。

接下來，類似第三節的 PCA，我們將集群方法，套用到 adjmean 資料。

第五節　adjmean 的集群分析之一：階層式集群樹狀圖

首先，我們使用 Euclidean distance 函數計算距離，如下：

E.dist <- dist(adjmean, method="euclidean")

此處的 method 是指距離函數的 metric，除了 Euclidean distance，另一個常用的是 Manhattan distance: "manhattan"。

接著，使用 Ward 方法聚合距離，成為階層集群：

hCluster <- hclust(E.dist, method="ward.D2")

如果沒有宣告 method="ward.D2"，內建是 "complete"。

最後，繪階層圖：

plot(hCluster, xlab="Euclidean distance")

結果如圖 4.5-1。

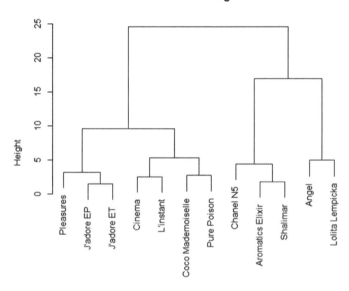

Cluster Dendrogram

Euclidean distance
hclust (*, "ward.D2")

▶圖 4.5-1

　　如圖 4.5-1，如果我們需要 4 群，則在水平距離約 7 左右的位置畫一條水平線，這樣就可以得到 4

群。如果我們需要 3 群，則在水平距離約 12 左右的位置畫一條水平線，這樣就可以得到 3 群。

以上是 Base R 的工具，FactoMineR 則有一些更強大的視覺化功能。範例如下：

首先，載入套件，用 HCPC() 計算階層式集群物件，HCPC 內同時宣告距離函數與聚合方法。

```
library(FactoMineR)
resHCPC <- HCPC(as.data.frame(adjmean),
                metric="euclidean",
                method="ward",
                nb.clust= -1 ,
                min=4,
                graph=FALSE)
```

畫如圖 4.5-1 的樹狀階層集群圖。

```
plot(resHCPC, choice="tree")
```

結果如圖 4.5-2，這個圖形有四個框起來的集群，因為在 HCPC 函數內，我們指定至少要 4 個集群 (min=4)。因此，FactoMineR 會用畫水平線的方法，決定 4 群；這個功能表現在 nb.clust=-1，讓軟體內建採用水平線；若 nb.clust=0，則是滑鼠點擊互動式；若 nb.clust=7，則在 Y 軸 7 的位置，畫一條水平線。同理類推。

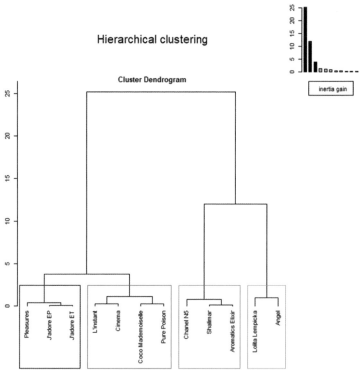

▶▶圖 4.5-2　樹狀階層集群圖

接下來可以繪製 plot(resHCPC, choice="bar")，
這張圖類似 PCA 的陡坡圖，標註集群數量的分類績
效，見圖 4.5-3，由圖可以知道，我們判定 4 群或 3
群都可以。

((•)) **練習問題**

請指定集群數為 3，看看分在一起的香水，差異如何。哪些香水游離性較高？哪些香水呈現惰性 (inertia)，不受影響？

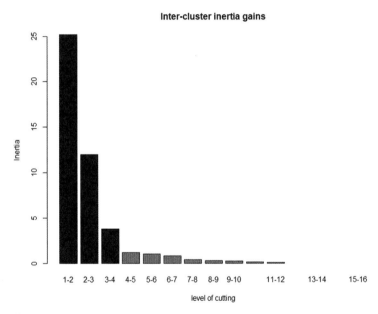

▶圖 4.5-3

　　最後，就是繪製三維立體圖，語法如下，結果如圖 4.5-4。

plot(resHCPC, choice="3D.map")

由圖4.5-4可以知道，這圖結合了主成分和集群。

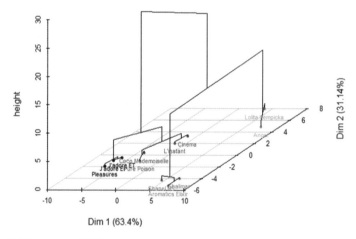

》圖 4.5-4　呈現 3D.map

　　有一個很重要的子物件是 **resHCPC\$desc. var\$quanti**，這個物件提供了各個集群是被哪些香調屬性所定義。如圖 4.5-5，群 2 的商品空間，沒有被任何有統計顯著性的香調屬性所描述。其餘，我們依正負方向和顯著程度。

　　群 1 被高強度 (strong intensity) 的 Citrus 和 Green 所營造，次之則是 Floral 和 Fruity 兩個，因 v.test 值最大，故其代表的正面強度，也就是持久，也高於 Citrus 和 Green。其次，負向則為低強度 (low intensity)，如 Wrapping 和 Oriental，次之的為 Vanilla。

　　綜合而言，因為正負是在數線上的排序，故此處所謂的高強度指香調持久，低強度則指香的屬性不持久。關鍵是必須具備統計顯著性。

```
> resHCPC$desc.var$quanti
$`1`
             v.test Mean in category Overall mean sd in category Overall sd    p.value
Citrus     2.860742        1.7833333     1.0489583       0.27139898  0.4915581 0.004226508
Green      2.831854        2.0986111     0.8458333       0.81479614  0.8471084 0.004627905
Floral     2.038821        8.2763889     6.1187500       0.09206563  2.0264473 0.041467867
Fruity     2.034196        5.4972222     3.4868056       0.79781482  1.8924702 0.041931861
Vanilla   -1.987935        0.5402778     3.1131944       0.25208238  2.4783308 0.046818885
Oriental  -2.241634        1.0319444     3.6993056       0.09041656  2.2785196 0.024985020
Wrapping  -2.715903        3.1722222     5.7368056       0.39932427  1.8081660 0.006609530

$`2`
NULL

$`3`
             v.test Mean in category Overall mean sd in category Overall sd    p.value
Greedy     2.996963        8.520833      2.923611        0.6333333   2.770145 0.00272684
Vanilla    2.703981        7.631250      3.113194        0.4479167   2.478331 0.00685142
Floral    -2.459626        2.758333      6.118750        0.2666667   2.026447 0.01390817

$`4`
             v.test Mean in category Overall mean sd in category Overall sd    p.value
Oriental   2.899943        7.1500000     3.699306        0.5495052   2.2785196 0.003732307
Spicy      2.847849        5.4000000     2.249306        1.1799296   2.1184832 0.004401579
Heady      2.639703        8.1361111     3.962847        0.1800956   3.0273075 0.008297876
Woody      2.484994        2.1694444     1.252431        0.8700012   0.7066206 0.012955364
Wrapping   2.008430        7.6333333     5.736806        0.2181838   1.8081660 0.044597652
Fruity    -2.683452        0.8347222     3.486806        0.1580529   1.8924702 0.007286643
```

▶ 圖 4.5-5

群 3 內的香水，其高強度特徵主要被 Greedy 和 Vanilla 所襯托，低強度則是 Floral 所營造。

> **練習問題**
>
> （一）請解讀群 4。
> （二）依照圖 4.5-5，集群數 4 太多，請指定為 3，
> 　　　再看看定義香水群的香調屬性有沒有不同。

第六節　adjmean 的集群分析之二：K-means 方法

如果要在二維平面呈現圖 4.5-4 的效果，可以結合 K-means 方法。K-means 集群法，將多變量資料表 **adjmean** 的 12 個觀察值，分入 k 個集群內 $\{G_1, G_2, ... G_k\}$ k 個集群，由極小化 With-in Group Sum-of-Squares 所算出：

$$\text{min. WGSS} = \sum_{j=1}^{q}\sum_{l=1}^{k}\sum_{i \in G_l}(x_{ij} - \bar{x}_j^{(l)})^2$$

$$\text{where } \bar{x}_j^{(l)} = \frac{1}{n_i}\sum_{i \in G_l} x_{ij}$$

　　承上，先執行 kmeans 函數計算相關資訊，令群數爲 4：

> kmeans.cluster <- **kmeans**(adjmean, centers=4)

　　子物件 kmeans.cluster$withinss 是 variance of withinss，如下：

```
> kmeans.cluster$withinss
[1]  6.114676 20.900321 11.462870 12.229948
```

　　根據這個數值，群數應該是 3 較爲合宜，因爲 11.462870 和 12.229948 兩個 means 十分接近，分成兩群過於勉強。

　　我們再來看對 12 種香水的分類標籤：

```
kmeans.cluster$cluster
> as.data.frame(kmeans.cluster$cluster)
                   kmeans.cluster$cluster
Angel                    4
Aromatics Elixir         3
Chanel N5                3
Cinema                   2
Coco Mademoiselle        2
J'adore EP               1
J'adore ET               1
L'instant                2
Lolita Lempicka          4
```

Pleasures	1
Pure Poison	2
Shalimar	3

最後，我們將集群標籤和PCA的商品空間結合：

```
library(factoextra)
fviz_cluster(kmeans.cluster,  # output
                    data = adjmean,    # 原始資料表
                    geom = c("point","text"), # point & label
                    ellipse.type = "norm") # 圖形類型
```

結果如圖 4.6-1。

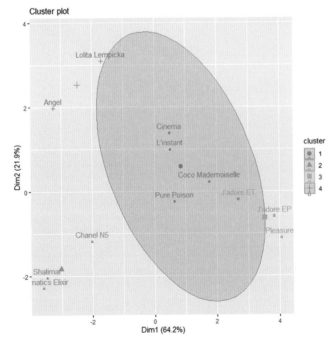

▶▶圖 4.6-1　用 K-means 的分類 ＋PCA

　　除了 K-means，尚有一個類似中位數的作法，稱為 K-medoid，它是基於第二章介紹過一樣的不相似度矩陣 (dissimilarity matrix)，關鍵在於使用 pam 函數 (partitioning around medoids) 來計算邊界。語法如下，我們不贅述，結果如圖 4.6-2。

```
library(cluster)
kmedoid.cluster <- pam(adjmean, k=4)
kmedoid.cluster$diss        # Dissimilarities
kmedoid.cluster$clustering  # 集群標籤

library(factoextra)
fviz_cluster(kmedoid.cluster,         # output
                    data = adjmean,           # 原始資料表
                    geom = c("point","text"),  # point
                    ellipse.type = "norm")    # 圖形類型
```

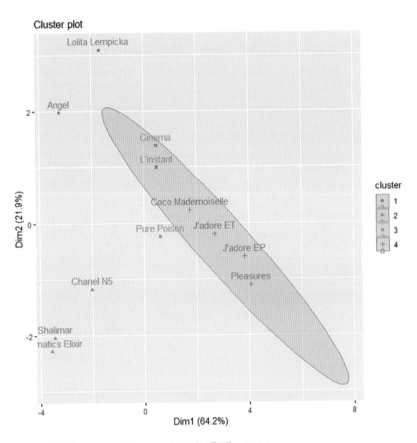

圖 4.6-2　用 K-medoid 的分類 +PCA

練習問題

（一）請指定 3 群，重畫圖 4.6-1 和 4.6-2，比較結果。

（二）請查詢 ellipse.type = 除了 "norm" 之外，還有哪些？試用其他參數繪製結果。

（三）載入資料 chocolates.csv，對照本章分析，請設計與完成感官資料分析。

（四）將 panelellipse() 套用原始資料，如：

panellipse(experts, col.p = 4, col.j = 1, firstvar = 5)

可以產生大量資訊。可以產生以下圖 4.6-3 等關鍵 5 張圖，請嘗試探索套件與 R 程式語言，獨自取出這 5 張圖，迅速完成感官資料專案分析。

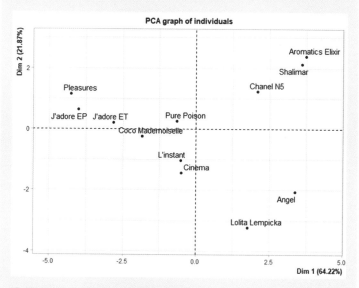

▶圖 4.6-3　問題 4 的第 1 張圖

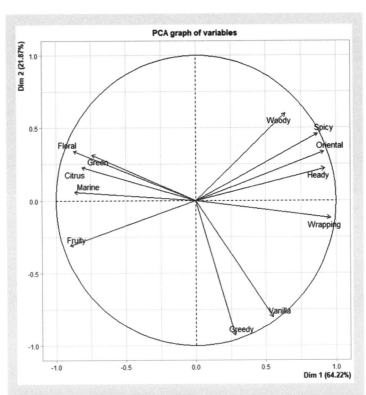

▶圖 4.6-4　問題 4 的第 2 張圖

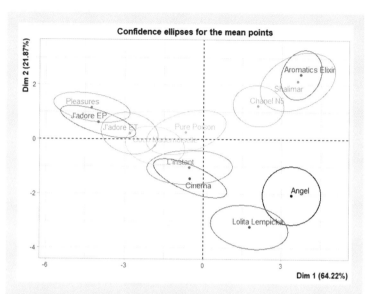

》圖 4.6-5　問題 4 的第 3 張圖

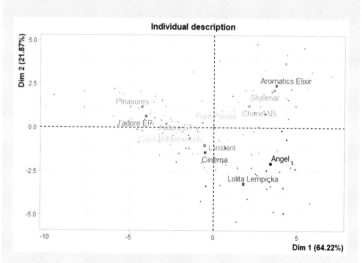

》圖 4.6-6　問題 4 的第 4 張圖

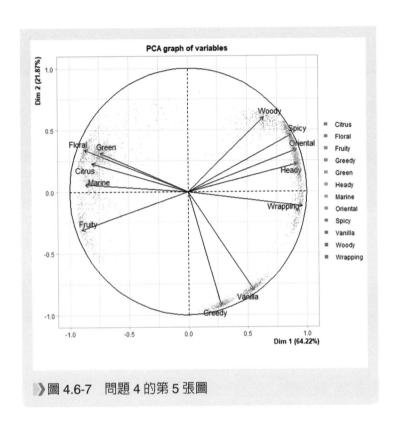

第五章

商品角度的感官評分之二：
屬性的多重清單

　　本章的資料是商品導向的屬性多維度清單，也就是簡稱「自由選擇分析」(Free Choice Profile, FCP) 的方法。自由選擇分析是一種確定事物質感的方法，特徵是讓大量評分者 (panelists) 體驗事物，然後讓他們用自己的語言描述事物，而不是給他們一組設計好的樣板：「是、否、可能」或「滿意、不滿意、還好」等選擇。然後，通常透過廣義普氏 (Procrustes)[1] 分析，或多因素分析，對所有描述進行分析，以確定質感的「共識」。這個方法廣泛用在多體學，基本概念是將不同刻度的數據，透過主成分方法降維，轉換為可比較的標準化分數 (scores)，如果要用更容易理解的方式，可以這樣想：因為匯率差異，各國本幣表示的物價不同，難以比較物價，但是，透過以共同基期編制的物價指數，則可以比較各國物價水準或通貨

1　可參考多體學介紹 <http://toolsbiotech.blog.fc2.com/blog-entry-123.html>。

膨脹率。

因為 FCP 讓人自由評分，所以一種質感屬性就會產生因人而異的評分，我們也稱這種特性為 Several Lists of Attributes：屬性的多重清單。前兩章的資料結構中，我們有 12 位評分者，對 12 種香水的屬性進行兩階段 (session) 評分。我們目前的資料是一人一張評分資料表，本章範例資料為 "perfumes_fcp. csv"，如圖 5.1-1 的表格。

	A	B	C	D	E	F	G	H	I	J	K	L	M	N	O	P
1		Wrapping_CM	Green_CM	Floral_CM	Citrus_CM	Vanilla_CM	Woody_CM	Fruity_CR	Greedy_CR	Oriental_CR	Citrus_CR	Floral_CR	Vanilla_CR	Wrapping_CR	Citrus_GV	Greedy_GV
2	Angel	7.45		1.6	8.88E-16	6	0.45	6.6	7.1	0.15	0.9	4.1	7.05	4	2.7	4.
3	Aromatics Elixir	5.3	1.11E-15	3.25	0	0.6	2.1	0.25	0.15	7.9	0.65	4.75	0.65	7.95	0.95	0.
4	Chanel N5	9.2	0.85	6.2	-6.66E-16	0.75	3.89E-16	-1.78E-15	0.1	8.55	0.15	7.45	0.45	7.95	0.65	0.
5	Cinema	9.1	0.45	6.05	0.5	6.75	-1.11E-16	3.45	4.3	0.15	0.9	7.2	4	1.75	3.85	
6	Coco Mademoiselle	8.9	0.85	8.8	3.05	0.4	0.35	1.9	1.25	9.35	0.15	9.55	1.1	3.2	2.25	5.6
7	J'adore EP	7.8	4.95	9.15	2.05	0.75	0	8.85	1.5	4.2	0.2	9.25	0.6	4.6	6.8	
8	J'adore ET	6.05	1.9	9.25	1.45	0.25	0	7.8	3	0.15	0.7	8.4	0.5	1.4	3.65	4.
9	L'instant	8.3	0.25	5.95	2.45	7.65	1.11E-16	7.45	2	0.4	0.8	8.15	7.9	1.5	2.9	1.9
10	Lolita Lempicka	9.35	1.45	8.1	2.4	3.1	0	7.85	9.05	0.25	1	5.6	9.2	3.85	1.45	1.
11	Pleasures	3.6	7.1	8.35	1	1.33E-15	4.44E-16	7.8	1.45	0.15	3.15	7.9	0.3	2.35	2.75	2.0
12	Pure Poison	8.7	1.15	7.7	2.25	5.7	5.00E-16	2.2	0.15	5.45	0.2	7.25	0.35	6.35	0.5	0.6
13	Shalimar	6.7	1.55E-15	5.3	-2.22E-16	2.85	2.6	0.4	0.05	9	0	8.3	0.9	7.95	0.65	-8.88E-16
14																
15																

》圖 5.1-1

圖 5.1-1 就是將之前的表格的「寬轉換」，用「屬性_評分者」為欄位變數，每個香水的兩階段評分取平均，就是格子內的數字，這張表有 80 欄。如果根據之前的資料表，不是應該有 144 欄 (12×12) 才對嗎？因為 "perfumes_fcp.csv" 為了要突顯 FCP 的特徵，也就是每個評分者會用到的屬性，人人不同，所

以，我們就必須特別處理這樣的不整齊資料。但是，這樣的問題其實也不大，在多變量計算上，第四章的兩個方法，也就是主成分分析和集群分析，只要單獨對每個評分者處理，產生若干個成分與商品空間，例如，3 個主成分，然後加權平均成一個，就可以進行第四章的視覺化呈現。

需要做加權處理，是因為每個評分者架構的商品空間，主成分數都不會一樣，例如，如果評分者 CM 的商品空間被一個主成分主導，評分者 GV 的商品空間，被兩個主成分主導，這樣要把 12 個人的商品空間架構起來，就必要做稱為位似變換 (homogeneous dilation, or homothety)[2]的轉換，本章將採用 FactoMineR 套件的函數 MFA(Multiple Factor Analysis) 將複雜的演算程序簡化。使用者只需要提供圖 5.1-1 的格式，就可以簡單完成分析。章尾會提供一個將 "perfumes_qda_experts.csv" 轉換成 "perfumes_fcp.csv" 的 R 簡碼，以利讀者套用自己的調查資料。

---

2 位似變換 (homothety) 意指在向量空間座標乘上一個固定純量，也可理解為齊次變換。

第一節　利用 MFA 建構商品空間

　　MFA 是用於多張資料表，且每一張資料表的欄數（維度）不必相同。從資料集的角度，圖 5.1-1 是總矩陣，列皆相同，依欄位，有很多子矩陣。因為每一個子矩陣，皆可以獨立從事 PCA 分析，綜合起來就是 MFA；因此，MFA 的演算程序中對所有子矩陣的加權與平衡，雷同於 PCA 對標準化變數的加權。在 MFA 的每一個子群中，同樣的權重也分配到所有變數。特別需要注意的是，這個加權轉換只是每個子矩陣之商品空間的位似變換。

　　執行 MFA 步驟如下：

第 1 步：載入資料

```
tmp = read.csv("data/sensory/perfumes_fcp.csv")
FCP=tmp[,-1]
rownames(FCP)=tmp[,1]
colnames(FCP)
```

　　這四行語法，除了載入資料，我們將第 1 欄的 12 種香水，安排為列名稱 (rownames)，而不是一欄資料。在 PCA 分析，往往需要這樣處理。

　　接下來，就是將新資料 FCP 套用 MFA 函數。

第 2 步：將 MFA 函數套用資料表 FCP

MFA(FCP,
　　　group=c(6,7,9,10,8,8,3,4,8,6,5,6),
　　　type=rep("s",12),
　　　name.group=c("CM","CR","GV","MLD","NMA",
　　　　　　　　　　"PR","RL","SD","SM","SO","SQ","ST")
　　　)

MFA 函數有 3 個功能選項：

一、group：後面的 12 個數字，對應評分者的屬性數，例如，對應 name.group 宣告的第 1 個評分者 CM，有 6 個質感屬性被評分。依序類推。

二、type：s 代表 12 個人的 PCA 分析，都採用標準化 (standardization)。

三、name.group：FCP 欄位名稱的評分者，需注意，依序不依字母，也和 "perfumes_qda_experts.csv" 的 Panelist 欄位的順序不同。

　　我們或許會發現這樣手動輸入 group=c(6,7,9, 10,8,8,3,4,8,6,5,6) 和 name.group=c("CM","CR","GV", "MLD","NMA","PR","RL","SD","SM","SO","SQ", "ST"），只是為了說明內容，實際上，用以下語法就可以簡化：

```
LIST <- strsplit(colnames(FCP),"_")
panelist.ID = NULL
for (i in seq(length(LIST))) {
    panelist.ID=c(panelist.ID, LIST[[i]][2])
}

pattern_ID <- paste0("_", unique(panelist.ID))

GROUP.no = NULL
  for (i in pattern_ID) {
GROUP.no=c(GROUP.no, length(grep(pattern=i,
x=colnames(FCP))))
    }
```

以上產生兩個物件 **panelist.ID** 和 **GROUP.no**，
用於以下 MFA 函數：

```
out.MFA <- MFA(FCP,
                type=rep("s",12),
                group=GROUP.no,
                name.group=unique(panelist.ID),
                graph = FALSE)
```

這樣可以簡化大量不規律資料帶來的繁瑣工作。

估計結果物件 out.MFA 可以執行如前章的分析，
例如，out.MFA$eig 可以檢視每個成分因子的特徵值
和解釋變異百分比。基本上，估計完 MFA 後，可以
進行以下四種估計後 (post-estimation) 分析：

一、商品空間視覺化。用以下語法產生商品空間 分析 choix="ind" 的視覺化圖形

plot(out.MFA, **choix="ind"**, select="contrib 8")

語法中，我們改變特定數字 ("contrib 8")[3]，可以 呈現利於比較的結果，可以參考圖 5.1-2 兩個子圖的 標示。圖5.1-2的解讀和第四章一樣，此處就不贅述。

---

3 選項還有 cos2 和 v.test 兩種，細節滿多的，請參考 help(plot. MFA) 內的 Details 說明。

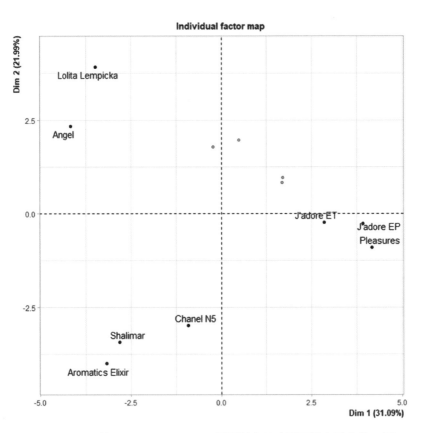

(A) 使用 select="contrib 8" 呈現對商品空間貢獻度最高的 8 個

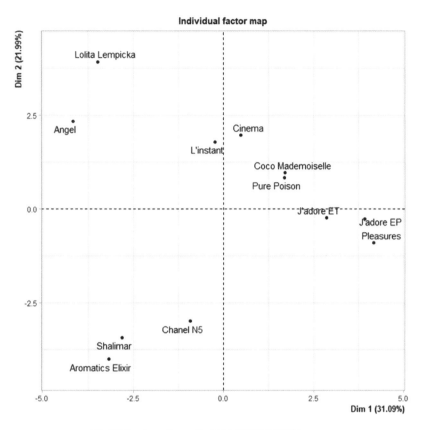

(B) 使用 select="contrib 12" 呈現所有香水

▶圖 5.1-2　用 MFA 建構的香水產品空間

二、感官分數與主成分相關性視覺化

　　就是繪製感官的維度空間 **choix="var"**，將 80 個變數資料放在一起，見以下語法所產生的圖 5.1-3：

plot(out.MFA, **choix="var"**, select="contrib 10")

如果我們沒有宣告 select=，圖形內的文字標籤就會有所有的變數名稱，讀者可以試試看，同時也試試看宣告 select="cos2 0.5"。

圖 5.1-3 是特定屬性變數在兩個 MFA 計算出來的主成分（維度因子），與特定感官評分（資料表 FCP）的相關係數，我們一般是計算 Pearson correlation 與其 p-value。這樣就可以在二維平面檢視特定變數。

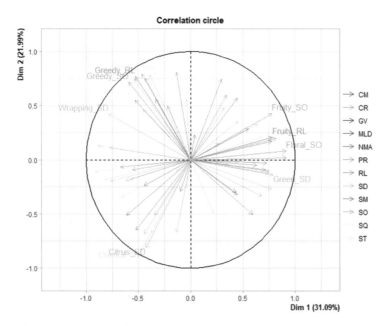

▶▶ 圖 5.1-3　相關係數圓

三、dimdesc(out.MFA)

這個函數就是呈現圖 5.1-3 的原始數值，如下圖 5.1-4。

```
> dimdesc(out.MFA)$Dim.1$quanti
              correlation        p.value
Floral_SO       0.9144486    3.122001e-05
Floral_MLD      0.9135088    3.291967e-05
Fruity_ST       0.8622927    3.080797e-04
Fruity_MLD      0.8218378    1.039482e-03
Green_SD        0.7905379    2.207113e-03
Fruity_RL       0.7820988    2.648216e-03
Fruity_SO       0.7808247    2.720246e-03
Floral_SM       0.7804696    2.740587e-03
Floral_CM       0.7786151    2.848695e-03
Green_SM        0.7531895    4.683229e-03
Floral_PR       0.7495261    5.007423e-03
Floral_CR       0.7483746    5.112747e-03
Green_CM        0.7282594    7.236187e-03
Marine_MLD      0.7156150    8.872644e-03
Floral_NMA      0.6794342    1.508604e-02
Marine_PR       0.6790919    1.515693e-02
Fruity_SM       0.6427840    2.416990e-02
Citrus_MLD      0.6329578    2.716306e-02
Green_MLD       0.5930702    4.209904e-02
Greedy_SO      -0.5906471    4.316157e-02
Greedy_PR      -0.5953423    4.111974e-02
Woody_GV       -0.6114113    3.464998e-02
Oriental_NMA   -0.6188564    3.191422e-02
Wrapping_SO    -0.6593233    1.968315e-02
Wrapping_MLD   -0.6691841    1.731705e-02
Vanilla_ST     -0.7607128    4.067401e-03
Woody_SM       -0.7629432    3.897220e-03
Wrapping_SM    -0.7730777    3.190917e-03
Wrapping_SD    -0.7856073    2.457364e-03
Wrapping_PR    -0.8157756    1.215528e-03
Wrapping_ST    -0.8374420    6.758509e-04
Oriental_SM    -0.8819701    1.475046e-04
Oriental_PR    -0.9117125    3.637026e-05
```

▶圖 5.1-4　X 軸數值：dimdesc(out.MFA)$Dim.1$quanti

圖 5.1-4 第一個數字 Floral_SO= 0.9144486，就是圖 5.1-3 X 軸 Floral_SO 的座標。如果我們依照圖 5.1-4 的函數，dimdesc(out.MFA)$**Dim.2**$quanti 取出 Y 軸值，如圖 5.1-5。

```
> dimdesc(out.MFA)$Dim.2$quanti
              correlation        p.value
Greedy_GV       0.8060096  0.0015463882
Greedy_SQ       0.8032239  0.0016523509
Vanilla_MLD     0.7877336  0.0023469241
Greedy_CR       0.7786013  0.0028495156
Greedy_RL       0.7666430  0.0036268930
Greedy_MLD      0.7495639  0.0050039928
Vanilla_CR      0.7440603  0.0055222838
Fruity_GV       0.7425696  0.0056693819
Greedy_SO       0.7144352  0.0090383163
Vanilla_SO      0.6697183  0.0171951601
Greedy_PR       0.6104338  0.0350212111
Wrapping_SQ     0.6098463  0.0352457009
Fruity_NMA      0.6007757  0.0388435480
Fruity_CR       0.5962001  0.0407542560
Woody_CM       -0.6491457  0.0223644921
Woody_ST       -0.6529025  0.0213455921
Oriental_CR    -0.6713523  0.0168261591
Woody_PR       -0.6725649  0.0165561219
Wrapping_CR    -0.6819819  0.0145660629
Citrus_SD      -0.8128357  0.0013087455
Oriental_ST    -0.8381417  0.0006622529
```

▶圖 5.1-5　Y 軸數值：dimdesc(out.MFA)$Dim.2$quanti

但是，們發現圖 5.1-5 找不到 Floral_SO 在 Y 軸的座標（相關係數），這是因為 Floral_SO 在 Y 軸的重要性不顯著 (p.value)，所以在 dimdesc() 就不顯示

出來，相關係數是有的。要解釋這個問題，我們來解
說相關係數的計算方式，就可以正確掌握意義：

　　X 軸的成分值可以用 out.MFA$global.
pcaindcoord 取得，內容如圖 5.1-6。

```
> out.MFA$global.pca$ind$coord
                        Dim.1       Dim.2       Dim.3       Dim.4       Dim.5
Angel               -4.1517264   2.3364625   1.3695596   0.28066852   0.4967009
Aromatics Elixir    -3.1845841  -4.0006183   0.2401016   1.38534100   1.2100082
Chanel N5           -0.9223380  -2.9807528  -0.3774610  -1.80663199  -1.9868483
Cinema               0.4798635   1.9629326  -1.8011768   2.79732858   0.3177884
Coco Mademoiselle    1.7058121   0.9692501  -2.7372919  -1.19414659  -0.3321120
J'adore EP           3.9071671  -0.2634912   0.1951572  -0.35707857   2.4392502
J'adore ET           2.8389387  -0.2380959   0.9463885  -1.68749611   1.4749138
L'instant           -0.2264039   1.7852796  -0.5667578  -0.88221024  -0.3669284
Lolita Lempicka     -3.4705870   3.9174879   1.8139380  -0.88400361  -0.2157956
Pleasures            4.1580919  -0.8975920   3.8953815   1.38341915  -1.7602586
Pure Poison          1.6791970   0.8378539  -2.2751263   0.99840912  -1.4079471
Shalimar            -2.8134309  -3.4287165  -0.7027125  -0.03359927   0.1312285
```

▶圖 5.1-6　萃取主成分

　　故我們將之定義為物件 PC，如下：

　　　PC <- out.MFA$global.pca$ind$coord

　　X 軸就是第 1 欄 Dim.1，Floral_SO 的感官分數
就是原始資料 FCP[,"Floral_SO"]，我們執行 cor.test()
計算 Pearson correlation 與其 p-value：

　　　cor.test(PC[,1], FCP[,"Floral_SO"])

　　結果如下：

```
> cor.test(PC[,1], FCP[,"Floral_SO"])

        Pearson's product-moment correlation

data:  PC[, 1] and FCP[, "Floral_SO"]
t = 7.1454, df = 10, p-value = 3.122e-05
alternative hypothesis: true correlation is not equal to 0
95 percent confidence interval:
 0.7166447 0.9760931
sample estimates:
       cor
0.9144486
```

反黑的兩個數字，就是圖 5.1-4 第 1 列對應 Floral_SO 的兩個數字。因此，用同樣方法，就可以計算 Floral_SO 在 Y 軸的數字，就會知道 p.value=0.8，因其不顯著性，所以在輸出上就省略。因為數值都有，只是函數 dimdesc() 就不顯示。

這樣，我們就知道圖 5.1-3 相關係數圓上面，所有的數值是如何來的。

最後我們解釋相關係數的意義，承函數 dimdesc() 和上圖 5.1-4，舉兩例來說明，第一例是 Wrapping（負值）與 Floral/Fruity（正值）。因兩者的 p.value 呈現出它們極佳的統計顯著性，意味在感官屬性對應的評分者 (panelist) 之間，有相當程度的一致性。

　　第二例是特別將 Greedy 取出來畫圖 5.1-7，可以
參考以下語法：

```
Greedy <- grep(pattern="Greedy", x=colnames(FCP),
value=TRUE)
plot(out.MFA, choix="var", select=Greedy)
```

　　圖 5.1-7 意味著對於 Greedy 的感官評分，在評
分者之間呈現趨同，或許是訓練成果導致的共識。但

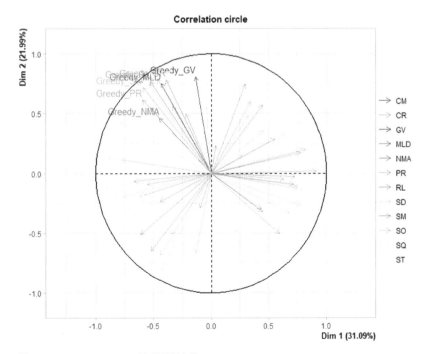

▶圖 5.1-7　Greedy 的相關特徵

是，我們也發現「趨異」，這或許是個人對感官屬性的感受，英雄所見不同，反之就不能解釋訓練效果。

四、階層式集群分析 —— 使用 HCPC 函數

最後一個估計後分析就是如第四章的集群顯示。如前所定義，像 Greedy_GV 這樣的感官屬性標籤，稱爲同源屬性 (homologous attributes)，被同一個象限歸納的多個同源屬性意指它們具有一致性，也就是說 MFA 將類似感官屬性商品定位在相同象限，這就是商品空間的意義。承第四章作法，利用 HCPC 函數，先進行估計距離函數：

```
out.HCPC <- HCPC(out.MFA, graph=FALSE)
```

再繪圖，有四種圖，語法如下，圖形如圖 5.1-8 到圖 5.1-11。

```
plot(out.HCPC, choice="tree")
plot(out.HCPC, choice="bar")
plot (out.HCPC, choice="map", legend = list(bty =
"y", x = "topright"))
plot(out.HCPC, choice="3D.map")
```

以下 4 圖的原理和解讀和第四章一樣，此處就不贅述。

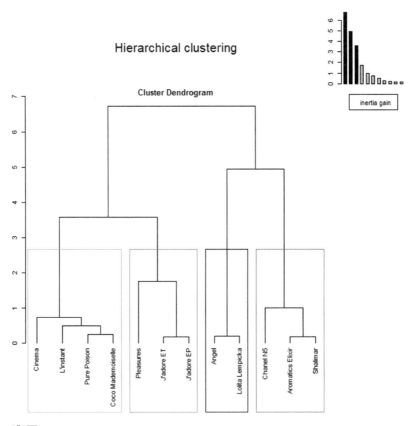

》圖 5.1-8　plot(out.HCPC, choice="tree")

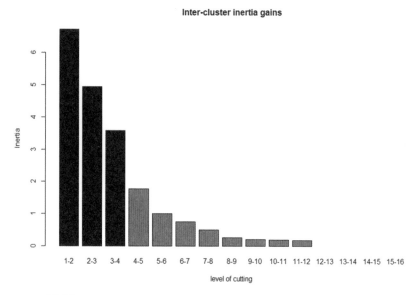

▶ 圖 5.1-9　plot(out.HCPC, choice="bar")

Factor map

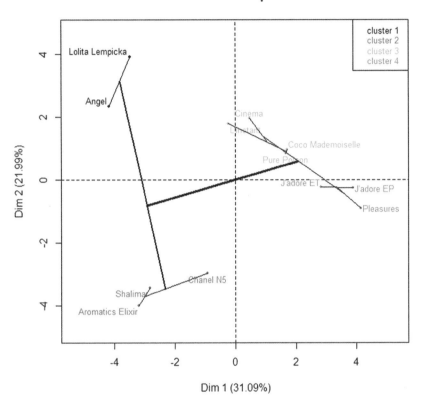

▶圖 5.1-10　plot (out.HCPC,

　　　　　　choice="map",

　　　　　　legend = list(bty = "y", x = **"topright"**))

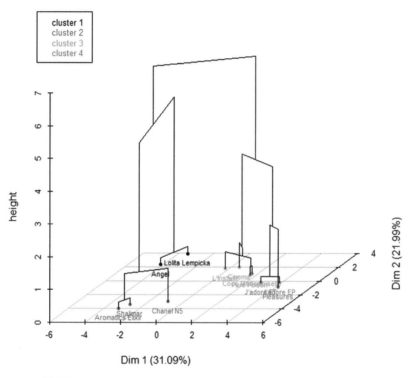

圖 5.1-11　plot(out.HCPC, choice="3D.map")

((•)) 練習問題

（一）請依照圖 5.1-3 的方法，繪製成分 Dim.1 和 Dim.3，然後再利用 cor.test() 確認輸出的數值。

（二）請在本章範例中的 select，使用 v.test，比較
　　　篩選方法的差異。

（三）請利用圖 5.1-7 的方法，檢視各種感官屬性
　　　評分者的差異，有哪些屬性在評分者差異
　　　較大？

（四）請刪除圖 5.1-10 語法內的 legend 參數，再
　　　畫一次。確認了解這個參數的意義，有助
　　　於將各種資料的繪圖清晰化。

（五）請比較本章圖 5.1-8 到圖 5.1-11 和第四章的
　　　商品空間的分類結果。

第二節　從 Group 角度的整合與詮釋

　　總而言之，在分析中整合不同的感官屬性變數
時，除了獲得產品的全面展示之外，評分者之間分享
了多少共同資訊也很重要。換句話說，我們的屬性變
數中是否有一些共同群因素？如果是這樣，我們的屬
性變數群間的共同因數是如何構建的？

　　基本上，回答這個問題，就是要畫圖 5.2-1：在
商品空間中，以每個商品為中心，繪製 12 個評分

者的相關係數，跟之前所解釋的 pearson correlation
計算方式雷同，但是計算了一般化典型相關係數
(general canonical correlation)，讀者可以參考多變量
統計方法的技術解說，本書資料導向，不對數理內容
做過多描述。

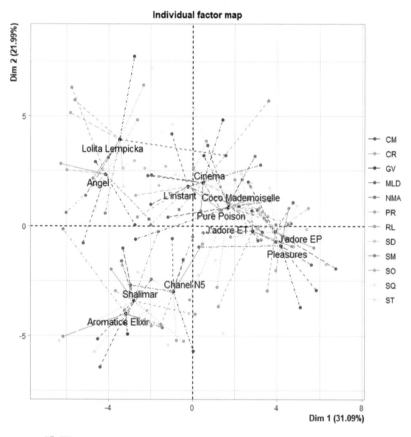

》圖 5.2-1

```
plot(out.MFA,
        choix="ind",
        partial="all",
        habillage="group")
```

　　要理解圖 5.2-1，最好的方法就是先執行上面的
函數，然後把參數改成 partial=NULL；因為 group 指
的是評分者，ind 指的是商品，故再用 habillage="ind"
呈現一個商品一個色彩。讀者看書會不容易想像，還
是執行程式學習最正確。

　　基本上，雖然涉及色彩，它的意義在於線條
長短，如果以一個商品為中心的 12 條線，長短差
異很大，意味評分者的差異很大；例如，"Lolita
Lempicka" 和 "Pure Poison"。簡化來看，可以利用
select=，語法如下，輸出如圖 5.2-2。

```
plot(out.MFA,
        choix="ind",
        partial="all",
        habillage="group",
        select=c("Lolita Lempicka","Pure Poison"))
```

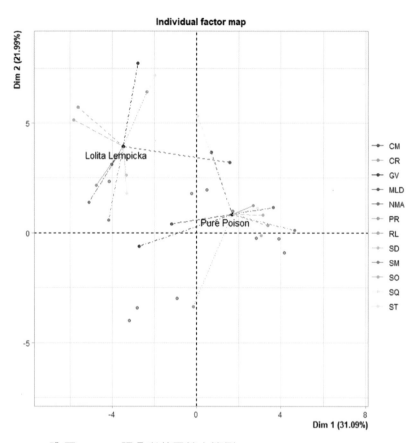

▶圖 5.2-2　評分者差異較大範例

　　另一例，長短差異較小，意味評分者的差異
不大，例如："Lolita Lempicka"、"J'adore EP" 和
"Chanel N5"。語法如下，輸出如圖 5.2-3。

```
plot(out.MFA,
          choix="ind",
          partial="all",
          habillage="group",
          select=c("J'adore EP", "Chanel N5"))
```

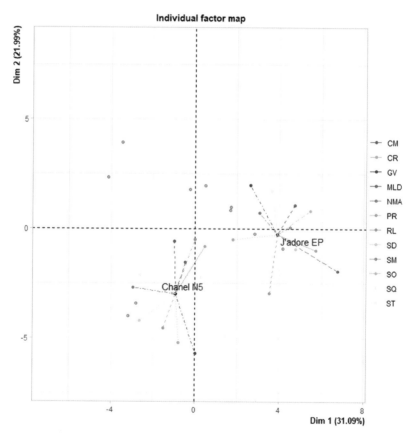

》圖 5.2-3　評分者差異較小範例

根據本節的方式，圖 5.2-1 太過擁擠，但是可以給我們一起呈現出一個整體大概，更為有意義的視覺作法，是兩個兩個一組來看，會較能判讀成對的關係。但是，筆者必須強調，這也都是看個大概，舉出對比較強烈的即可；不然，在很多感官性質的調查資料中，不但商品維度不小（如 50 部電影），評分者往往數百人，這樣的圖形，其實已經不容易呈現類型，更別說發掘意義了。

第三節　資料練習 —— 酒的感官饗宴

如前揭，本書主旨是從感官資料的「資料結構」出發，學習多變量方法的應用。前兩節，為求解說方便，是將每個評分者看成一個群 (group)，每個群有若干種屬性評分 (FCP)。

在這一節使用的資料 wines.csv，群變數是事先就知道的標籤，這樣更合乎實際研究的調查設計。例如，在問卷上，個人資訊就是一個群標籤，裡面包含個人的基本資訊若干項。原始資料的第 1 欄是酒名稱，共有 21 種酒，我們先透過三行語法，處理資料結構，也就是將酒名稱建立為資料結構的列名稱

(rownames)：

```
tmp=read.csv("data/sensory/wines.csv")
wine=tmp[,-1]
rownames(wine)=tmp[,1]
```

由 colnames(wine) 檢視，這筆資料共有 31 欄，
分成 6 群：

"origin", "odor", "visual", "odor.after.shaking",
"taste", "overall"

```
> colnames(wine)
 [1] "Label"                          "Soil"
 [3] "Odor.Intensity.before.shaking"  "Aroma.quality.before.shaking"
 [5] "Fruity.before.shaking"          "Flower.before.shaking"
 [7] "Spice.before.shaking"           "Visual.intensity"
 [9] "Nuance"                         "Surface.feeling"
[11] "Odor.Intensity"                 "Quality.of.odour"
[13] "Fruity"                         "Flower"
[15] "Spice"                          "Plante"
[17] "Phenolic"                       "Aroma.intensity"
[19] "Aroma.persistency"              "Aroma.quality"
[21] "Attack.intensity"               "Acidity"
[23] "Astringency"                    "Alcohol"
[25] "Balance"                        "Smooth"
[27] "Bitterness"                     "Intensity"
[29] "Harmony"                        "Overall.quality"
[31] "Typical"
```

▶圖 5.3-1

這 6 群對應的欄位數，圖 5.3-2(A)、(B)、(C) 做
了對應說明。

	Label	Soil	Odor.Intensity.before.shaking	Aroma.quality.before.shaking	Fruity.before.shaking	Flower.before.shaking	Spice.before.shaking
2EL	Saumur	Env1	3.074	3	2.714	2.28	1.96
1CHA	Saumur	Env1	2.964	2.821	2.375	2.28	1.68
1FON	Bourgueil	Env1	2.857	2.929	2.56	1.96	2.077
1VAU	Chinon	Env2	2.808	2.593	2.417	1.913	2.16
1DAM	Saumur	Reference	3.607	3.429	3.154	2.154	2.04
2BOU	Bourgueil	Reference	2.857	3.111	2.577	2.04	2.077
1BOI	Bourgueil	Reference	3.214	3.222	2.962	2.115	2.04
3EL	Saumur	Env1	3.12	2.852	2.5	2.2	2.185
DOM1	Chinon	Env1	2.857	2.815	2.808	1.923	2.074
1TUR	Saumur	Env2	2.893	3	2.571	1.846	1.68
4EL	Saumur	Env2	3.25	3.286	2.714	1.926	1.962
PER1	Saumur	Env2	3.393	3.179	2.769	2.038	1.92
2DAM	Saumur	Reference	3.179	3.286	2.778	2.231	1.76
1POY	Saumur	Reference	3.071	3.107	2.731	2.12	1.8
1ING	Bourgueil	Env1	3.107	3.143	2.846	2.185	1.962
1BEN	Bourgueil	Reference	2.929	3.179	2.852	2	2.037
2BEA	Chinon	Reference	3.036	3.179	3.037	2.231	1.667
1ROC	Chinon	Env2	3.071	2.926	2.741	2	1.88
2ING	Bourgueil	Env1	2.643	2.786	2.536	1.889	1.808
T1	Saumur	Env4	3.696	3.192	2.833	1.826	2.385
T2	Saumur	Env4	3.708	2.926	2.52	2.04	2.667

(A) 欄 B & C= "origin" 和欄 D~H= "odor"

	Visual.intensity	Nuance	Surface.feeling	Odor.Intensity	Quality.of.odour	Fruity	Flower	Spice	Plante	Phenolic	Aroma.intensity	Aroma.persistency	Aroma.quality
2EL	4.321	4	3.269	3.407	3.308	2.885	2.32	1.84	2	1.65	3.259	2.963	3.2
1CHA	3.222	3	2.808	3.37	2.92	2.56	2.44	1.739	2	1.381	2.962	2.808	2.926
1FON	3.536	3.393	3	3.25	2.929	2.769	2.192	2.25	1.75	1.25	3.077	2.8	3.077
1VAU	2.893	2.786	2.538	3.16	2.88	2.391	2.083	2.167	2.304	1.476	2.542	2.583	2.478
1DAM	4.393	4.036	3.385	3.536	3.36	3.16	2.231	2.148	1.762	1.6	3.615	3.296	3.462
2BOU	4.464	4.259	3.407	3.179	3.385	2.8	2.148	1.75		1.476	3.214	3.148	3.321
1BOI	4.143	3.929	3.25	3.429	3.5	3.038	2.2	2.385	1.826	1.476	3.25	3.222	3.385
3EL	4.214	3.857	3.077	3.654	3.077	2.52	2.32	2.444	2.08	1.905	3.28	3.16	2.962
DOM1	4.037	3.893	3.28	3.357	3.346	3	2.04	2.125	1.875	1.524	3.148	2.893	3.308
1TUR	3.704	3.407	3.111	3.222	3.259	2.926	2.04	2.042	2	1.773	3.077	2.704	2.778
4EL	3.857	3.643	3.259	3.607	3.385	2.889	2.115	2.16	1.955	1.571	3.286	3.036	3.222
PER1	4.714	4.5	3.321	3.481	3.385	2.962	2	2.2	2.042	1.545	3.321	3.071	3.143
2DAM	4.222	4.071	3.462	3.481	3.423	2.963	2.269	2.154	1.957	1.571	3.481	3.259	3.269
1POY	4.714	4.536	3.429	3.357	3.444	2.885	2.12	2.346	1.826	1.55	3.269	3.08	3.192
1ING	4.071	3.893	3.462	3.357	3.37	2.846	2.24	2.28	1.75	1.524	3.333	3.037	3.37
1BEN	3.889	3.429	3.143	3.286	3.308	3.115	2.269	2	1.917	1.4	3.04	2.96	3.2
2BEA	3.786	3.607	3.357	3.444	3.5	3.185	2.16	2.24	1.913	1.75	3.52	3.296	3.462
1ROC	3.679	3.393	3.192	3.37	3.36	2.963	2.308	1.917	2	1.429	3.25	2.92	2.88
2ING	2.607	2.536	2.444	2.889	2.8	2.5	1.962	2.111	2.08	1.318	2.68	2.308	2.556
T1	4.321	4	3.333	3.737	3.08	2.833	1.773	2.44	2.292	1.571	3.437	2.958	2.6
T2	4.321	4.107	3.259	3.727	2.885	2.6	2.083	2.609	2.174	1.65	3.095	3.136	2.545

(B) 欄 I~K= "visual" 和欄 L~U= "odor after shaking"

	A	V	W	X	Y	Z	AA	AB	AC	AD	AE	AF
1		Attack.intensity	Acidity	Astringency	Alcohol	Balance	Smooth	Bitterness	Intensity	Harmony	Overall.quality	Typical
2	2EL	2.963	2.107	2.429	2.5	3.25	2.731	1.926	2.857	3.143	3.393	3.25
3	1CHA	3.036	2.107	2.179	2.654	2.926	2.5	1.926	2.893	2.964	3.214	3.036
4	1FON	3.222	2.179	2.25	2.643	3.321	2.679	2	3.074	3.143	3.536	3.179
5	1VAU	2.704	3.179	2.185	2.5	2.333	1.68	1.963	2.462	2.038	2.464	2.25
6	1DAM	3.464	2.571	2.536	2.786	3.464	3.036	2.071	3.643	3.643	3.741	3.444
7	2BOU	3.286	2.393	2.643	2.857	3.286	2.857	2.179	3.464	3.5	3.643	3.393
8	1BOI	3.393	2.607	2.607	2.778	3.464	2.857	1.929	3.643	3.556	3.714	3.357
9	3EL	3.25	2.179	2.63	2.778	3.179	2.786	2	3.321	3.296	3.393	3.071
10	DOM1	3.286	2.286	2.407	2.741	3.143	2.821	1.964	3.148	3.286	3.2	3.5
11	1TUR	2.893	2.357	2.25	2.704	3.214	2.5	2.185	2.857	2.963	3.179	2.964
12	4EL	3.321	2.429	2.571	2.893	3.192	2.857	2.214	3.357	3.071	3.571	3.5
13	PER1	3.357	2.429	2.607	2.821	3.107	2.889	2.037	3.25	3.393	3.148	3.556
14	2DAM	3.393	2.286	2.5	2.821	3.5	3.286	2	3.407	3.643	3.571	3.929
15	1POY	3.519	2.111	2.536	2.778	3.444	3.231	2.071	3.667	3.786	3.929	3.481
16	1ING	3.185	2.286	2.643	2.929	3.286	2.821	2.107	3.321	3.296	3.643	3.296
17	1BEN	3.393	2.393	2.357	2.704	3.321	3	2	3.214	3.214	3.75	3.571
18	2BEA	3.071	2.571	2.321	2.929	3.333	2.821	2.143	3.321	3.25	3.536	3.269
19	1ROC	3.071	2.393	2.321	2.821	3.143	2.607	2.143	3.037	3.074	3.464	3.444
20	2ING	2.179	2.25	1.964	2.25	2.464	1.821	1.679	2.179	2.107	2.37	2.321
21	T1	2.963	2.407	2.643	2.963	2.571	2.071	2.222	3.037	2.741	2.643	2.571
22	T2	3.333	2.571	2.667	2.704	2.769	2.308	2.667	3.333	3	2.852	2.75

(C) 欄 V~AD= "taste" 和欄 AE & AF= "overall "

▶圖 5.3-2　資料表 wines.csv 的資料結構

　　圖 5.3-2 呈現的資料表，可以是多人的調查意見之平均，例如，有一千人接受調查填寫感官問卷，也是每人手上都是一張 21x29 的空格表，回收後，平均就是圖 5.3-2。

　　接下來，我們使用 MFA 函數，如 5.2 節的作法，合併圖 5.3-2 的資料結構說明，與對應群的欄數，估計方式如下：

```
wine.MFA <- MFA(wine,
        group = c(2, 5, 3, 10, 9, 2),
        type = c("n", "s", "s", "s", "s", "s"),
```

```
name.group = c("origin", "odor", "visual",
               "odor.after.shaking", "taste", "overall"),
num.group.sup = c(1, 6),
graph = FALSE)
```

唯二差異在於：

一、type 的第一個是 "n"，因為 "origin" 有兩欄，是文字，不能標準化，故用 "n"。

二、num.group.sup 指定群 1(origin) 和群 6(overall)，這兩個是補充資訊，相對此，群 2~5 稱為主要感官群 (active groups)。

用 print(wine.MFA) 可以檢視有哪些子物件能夠呼叫。然後，利用：

```
fviz_screeplot(wine.MFA)
```

可繪製如圖 5.3-3 的陡坡圖，此圖可以配合用 head(wine.MFA$eig) 看一看幾個因子較為適宜。

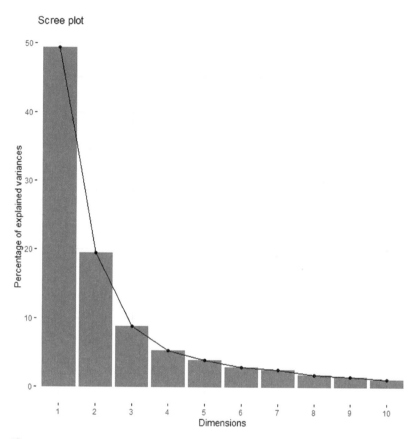

》圖 5.3-3 陡坡圖：fviz_screeplot(wine.MFA)

一、「感官變數群」的視覺化分析

以下函數可以繪製感官變數的群效果，結果如圖 5.3-4。

```
fviz_mfa_var(wine.MFA,
              "group",
              col.var = "red",
              col.var.sup = "blue")
```

col.var 指定主要感官群 (active groups) 的顏色，此例有 4 個。

col.var.sup 指定補充資訊 (num.group.sup) 的顏色，此例有 2 個。

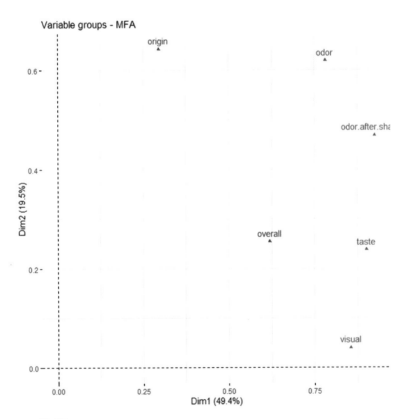

　　圖 5.3-5(A)、(B) 繪製 4 個群對兩維度（X 軸與 Y 軸）貢獻的百分比。圖 5.3-5(A) 指出對 Dim-1（X 軸），4 群貢獻皆有超過 20% 的貢獻，貢獻平均；超過 25% 的，是 taste 和 odor.after.shaking。圖 5.3-5(B) 則指出超過 20% 貢獻度的只有 ordor 和 odor.after.shaking 兩個，且都超過 30%。語法如下：

```
fviz_contrib(wine.MFA, choice ="group", axes = 1)+
theme(axis.text.x = element_text(angle=0))+
coord_flip()
axes=1 就是 X 軸 (Dim-1)
```

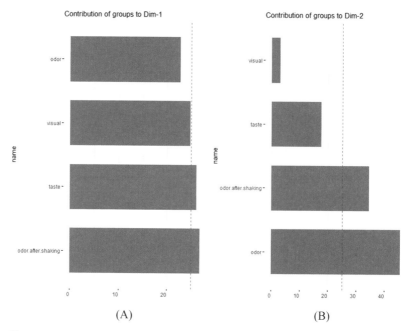

(A)　　　　　　　　　　(B)

》圖 5.3-5　四個群對兩維度（X 軸與 Y 軸）貢獻的百分比

二、所有感官屬性的視覺分析

接下來我們分析所有感官屬性，用顏色將「群」標註，我們將使用 fviz_mfa_var() 函數，這個繪圖函數使用了 factoextra::get_mfa_var() 擷取量化感官屬性變數，包括座標和 cos2 的貢獻度輸出，如以下：

```
group <- get_mfa_var(wine.MFA, "group")
```

group$coord 可以輸出各個群變數的座標。

group$contrib 可以輸出各個群對主成分空間維度的貢獻。

圖 5.3-6 由以下函數 fviz_mfa_var() 畫出：

```
fviz_mfa_var(wine.MFA,
              choice ="quanti.var",
              palette = "jco",
              col.var.sup = "violet",
              repel = TRUE)
```

此圖的解說和第二節一樣，需要讀者執行程式碼，用色彩標註才可以掌握差異，便於解說。

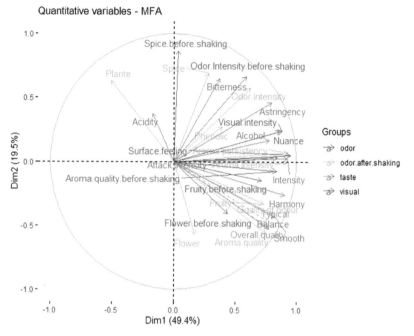

》圖 5.3-6　函數 fviz_mfa_var() 的基礎呈現

　　fviz_mfa_var() 內建的幾何形狀是射線，群的 legend 標籤說明列在右邊。圖 5.3-6 還有一種顯示方法，就是指定 **geom** 和 **legend** 參數，如下：

```
fviz_mfa_var(wine.MFA,
choice ="quanti.var",
palette = "jco",
col.var.sup = "violet",
```

```
        repel = TRUE,
        geom = c("point", "text"),
        legend = "bottom")
```

結果如圖 5.3-7。

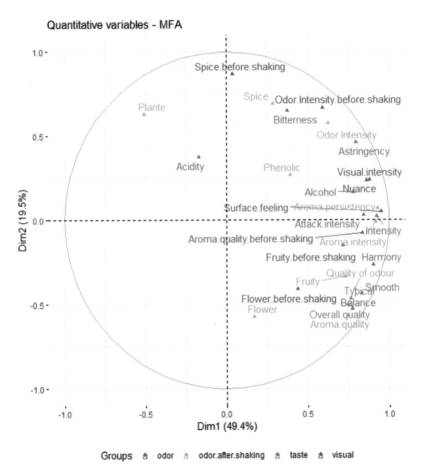

》圖 5.3-7　函數 fviz_mfa_var() 的其他呈現方式

所有感官屬性對兩維主成分的貢獻，可以用圖 5.3-8(A)、(B) 表現，語法如下：

```
fviz_contrib(wine.MFA,
        choice = "quanti.var",
        axes = 1,
        top = 20,
        palette = "jco") +
    theme(axis.text.x = element_text(angle=0))+
    coord_flip()
```

調整 axes=2 就是 5.3-8(B)。

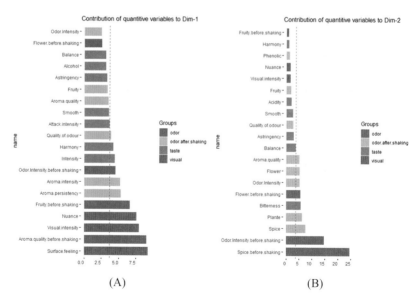

(A)　　　　　　　　　　　　　　(B)

》圖 5.3-8　函數 fviz_contrib() 呈現所有屬性變數的維度貢獻

　　根據上圖 5.3-8，我們發現感官屬性對兩個維度的貢獻差異很高，若要取平均，可以用同樣語法，但是宣告 axes=1:2 就可以計算平均貢獻。如圖 5.3-9。

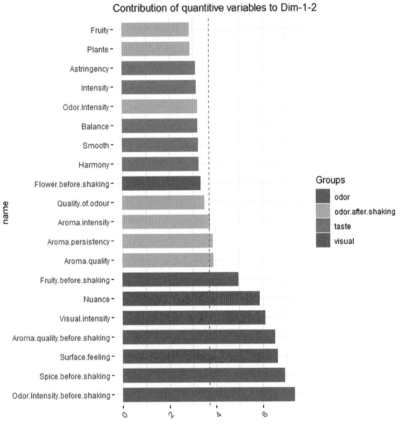

▶圖 5.3-9　前圖 (A)、(B) 的平均

以上圖 5.3-6~5.3-8 的色階，也可以使用熱力圖，如以下三圖。程式碼同上圖 5.3-7，添加 **gradient. cols=** 如下：

```
fviz_mfa_var(wine.MFA,
             choice ="quanti.var",
             col.var = "contrib",
             gradient.cols = c("#00AFBB", "#E7B800", "#FC4E07"),
             col.var.sup = "violet",
             repel = TRUE,
             geom = c("point", "text"))
```

結果如圖 5.3-10。

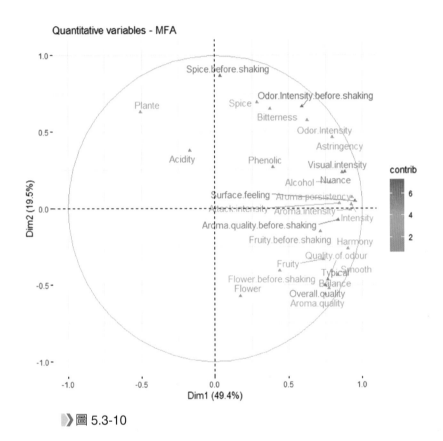

圖 5.3-10

同上圖 5.3-6 之程式碼，添加 gradient.cols= 如下：

```
fviz_mfa_var(wine.MFA,
    choice ="quanti.var",
    col.var = "cos2",
    gradient.cols = c("#00AFBB", "#E7B800", "#FC4E07"),
    col.var.sup = "violet",
```

repel = TRUE)

結果如圖 5.3-11。

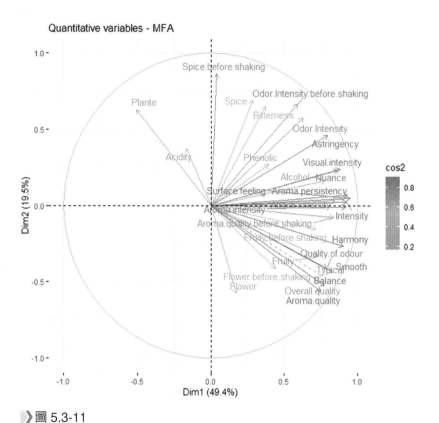

最後就是 fviz_contrib() 的圖 5.3-9，可以改成 fviz_cos2()：

```
fviz_cos2(wine.MFA,
        choice = "quanti.var",
        axes = 1) +
    theme(axis.text.x = element_text(angle=0)) +
    coord_flip()
```

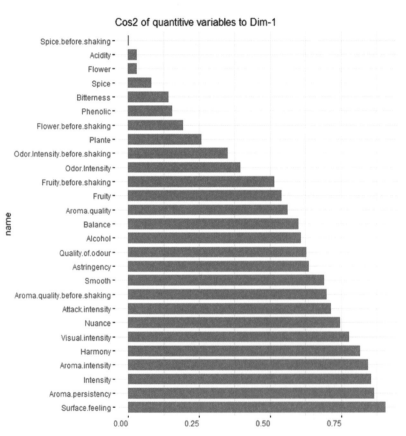

▶▶圖 5.3-12

((•)) **練習問題**

（一）請將圖 5.3-12 的概念，依照圖 5.3-8(A)、(B)
　　　和圖 5.3-9 架構呈現。

（二）請仔細區分圖 5.1-1 和圖 5.3-2 的資料表之
　　　資料結構。

　　最後一項功能就是商品 (ind=individual) 的視覺
化分析，也就是圖 5.3-13 到圖 5.3-19，因為在本書本
章附帶的 R 程式都有對應程式區塊，這一部分和本
章第二節有些許相同，這 7 張圖的解說，就設計成練
習問題以利實做能力訓練，不另立單獨解說以節省空
間。

((•)) **練習問題**

（一）本節繪圖函數是對 MFA 物件用 fviz_()，第
　　　二節則是對 MFA 物件直接用 plot()，請對照
　　　兩節，互補之並加以解讀。尤其是第二節
　　　的 correlation circle 和 HCPC。

（二）請讀者依程式碼重製以下 7 張圖，並循前章
　　　節說明商品空間結合集群所呈現的意義。

提示：重製圖時，可以將圖展開全螢幕對照，以利視覺檢視。

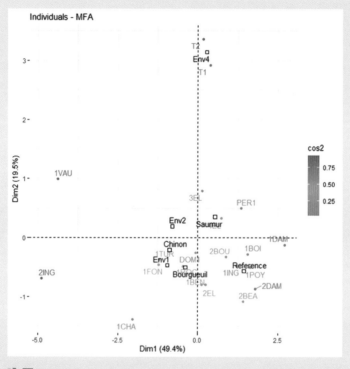

▶圖 5.3-13

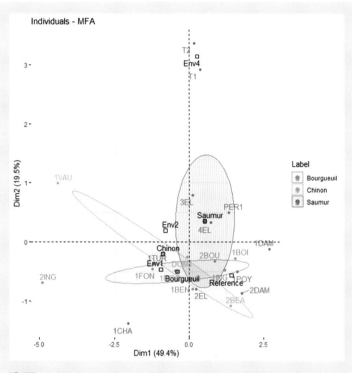

▶圖 5.3-14

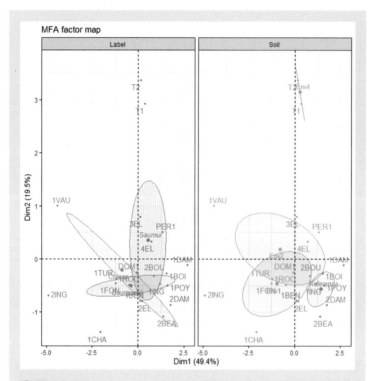

>圖 5.3-15

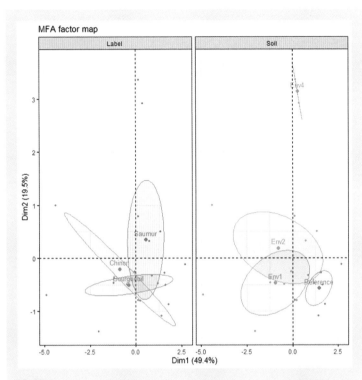

▶圖 5.3-16

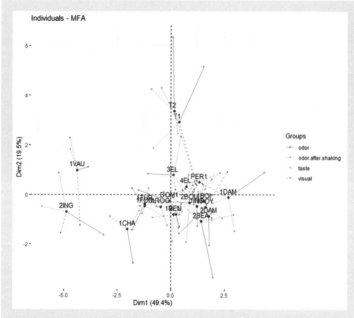

》圖 5.3-17

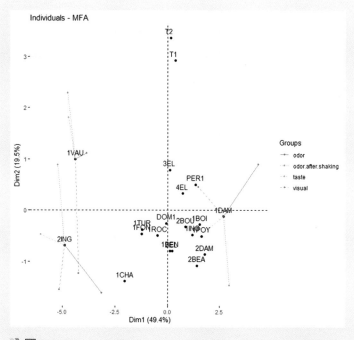

圖 5.3-18

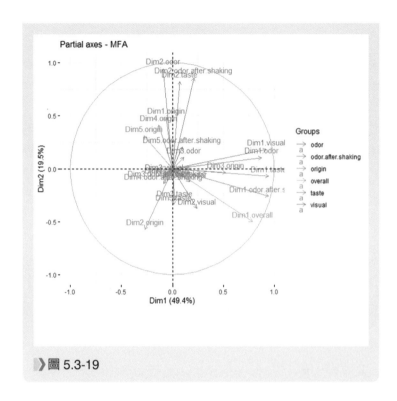

圖 5.3-19

第六章

大家一起來按讚：
消費者品鑑

　　消費者品鑑和前三章的專家品鑑 (panelists) 不同，消費者品鑑至少需要 60 名可能的消費目標族群，所謂目標族群就是可能的香水使用者。消費者測試不能用訓練過的品鑑員取代，因為代表的市場性不足。而且品鑑員的感官意見，和消費者的購買動機，並不完全一樣。再從人數講，專家品鑑我們的資料是 12 位，但是消費者測試就需要更多，如果是行銷目的的消費者測試，根據性別設計，男女各 60 人，就需要 120 人。因此，要完成一個大規模的消費者品鑑測試，成本十分巨大。本章範例取自套件 SensoMineR，資料有 103 人。

　　感官資料有各式各樣的形態，除了量化數字，還有質性文字，限於篇幅，本書不包括文字分析。在量化，除了前五章的介紹，還有一種就是很通用的「按讚 (Liking)」計分，常見案例是通訊軟體，在你使用完後，會請你表示一下對通訊品質的滿意程度，這一類的大多是 0-5 分；使用完 Adobe 軟體，也會出現 1-10 的刻度，調查你的使用滿意度，或者樂於推薦此軟體的意願；也有的平台，允許使用者按很多次讚。本章將分析如圖 6.1-1 的香水資料。

	A	B	C
1	**consumer**	**product**	**liking**
2	171	Angel	3
3	171	Aromatics Elixir	3
4	171	Chanel N5	7
5	171	Cinema	6
6	171	Coco Mademoiselle	6
7	171	J'adore EP	5
8	171	J'adore ET	6
9	171	L'instant	3
10	171	Lolita Lempicka	3
11	171	Pleasures	5
12	171	Pure Poison	6
13	171	Shalimar	3
14	553	Angel	3
15	553	Aromatics Elixir	5
16	553	Chanel N5	1
17	553	Cinema	4
18	553	Coco Mademoiselle	7
19	553	J'adore EP	8
20	553	J'adore ET	6
21	553	L'instant	4
22	553	Lolita Lempicka	3
23	553	Pleasures	6
24	553	Pure Poison	5
25	553	Shalimar	3
26	991	Angel	7
27	991	Aromatics Elixir	6

▶圖 6.1-1　資料檢視，103 人對 12 種香水的喜好

　　圖 6.1-1 的這種資料長得很像第二章推薦系統的 Real Rating。只是此處的資料是香水，消費者每個人都不必是專家，且都對 12 種香水給出使用感覺的回饋即可；不似電影數據，不是每個人都看過所有的電影，所以缺值超多。圖 6.1-1 資料的 liking 也稱爲享樂分數 (hedonic score)。

　　圖 6.1-1 的享樂分數是基於感官品評 9 分法 (9-point structured line)，如下表 6.1-1。

表 6.1-1　感官品評 9 分法

英文	中文
Like extremely	極度喜歡
Like very much	非常喜歡
Like moderately	有點喜歡
Like slightly	稍微喜歡
Neither like nor dislike	談不上喜歡或不喜歡
Dislike slightly	稍微不喜歡
Dislike moderately	有點不喜歡
Dislike very much	非常不喜歡
Dislike extremely	極度不喜歡

　　表 6.1-1 稱爲平衡標度法，在方法論上，有兩點必須注意。

一、除了喜歡程度，享樂分數不宜使用其他名詞，
　　例如：優良、滿意、很好、理想、可以接受等等
　　不同用字。先固定「喜歡」，然後用程度詞（極
　　度、稍微）加以區別，對受調查者而言較不會產
　　生困惑。同理，Dislike 也不宜翻譯成「討厭」
　　或「厭惡」。

二、其次，「Neither like nor dislike」不宜翻譯成「無
　　意見」。因為，在心理學上，「無意見」的語意
　　並不是中性，而有中性偏正的含意，會違反平衡
　　標度法的意義。

　　感官資料分析，統計方法往往不是問題，最
不容易的就是蒐集到數據，這樣的知識與日俱增，
讀者可以參考感官研究中心或學會，例如：https://
centreforsensorystudies.org/。

第一節　享樂分數資料分析

一、資料清理

　　我們先將資料整理如下：

```
liking <- read.csv("data/sensory/perfumes_liking.csv")
```

```
length(unique(liking$consumer))
liking$consumer <- as.factor(liking$consumer)
liking$product <- as.factor(liking$product)
consumer.names <- levels(liking$consumer)
product.names <- levels(liking$product)

iLike=NULL
for (i in consumer.names) {
  tmp= subset(liking, consumer==i)[, "liking"]
  iLike =rbind(iLike, tmp)
}
rownames(iLike)=consumer.names
colnames(iLike)=product.names
```

　　對照圖 6.1-1 的原始資料表，圖 6.1-2 新資料表 iLike 就是將原資料依照列消費者 × 行商品的矩陣結構，將 liking 分數置入。iLike 就是我們爾後要從事多變量分析的資料表，因為原始資料都是平衡的，所以整理的程式很好寫，如果每個消費者的品鑑商品數量都不是完整且同樣的 12 個，或排序每人都不規律，程式就沒有兩行這樣簡單。

　　iLike 的列名稱是消費者代號 (171, 533, ...)，欄名稱則是香水名稱。

	Angel	Aromatics Elixir	Chanel N5	Cinema	Coco Mademoiselle	J'adore EP	J'a
171	3	3	7	6	6	5	
553	3	5	1	4	7	8	
991	7	6	8	6	7	7	
1344	5	6	8	8	6	9	
1661	5	4	1	7	5	5	
1679	5	4	5	6	5	6	
1755	9	9	8	6	8	6	
1761	4	6	5	5	5	6	
1801	6	1	6	6	6	7	
1956	3	5	6	7	7	7	
2119	5	5	6	6	8	7	
2529	2	1	6	4	7	7	
2909	2	5	7	6	7	6	
2936	3	5	3	9	7	7	
2996	5	6	7	6	5	7	
3242	5	1	3	5	8	7	
3371	1	2	7	9	6	8	
3541	3	3	4	8	9	8	
3670	7	4	7	6	5	8	
3763	4	6	6	5	6	8	
3764	4	5	5	5	6	6	
4164	6	8	6	7	8	7	
4238	3	4	7	4	6	4	
4529	9	3	3	7	7	8	
4640	8	8	8	8	7	8	
5014	5	2	3	5	8	8	

▶圖 6.1-2　清理後的新資料表 iLike

二、主成分描述分析

估計主成分：rawPCA <- PCA(iLike, graph=FALSE)

先看消費者關係：

plot(rawPCA, choix=**"ind"**, title="Liking is not centered")

產生圖 6.1-3，我們發現主成分會將 Liking 南轅北轍的消費者放在對立象限，例如：I、III 象限，編號 13311 和 11174 的消費者。

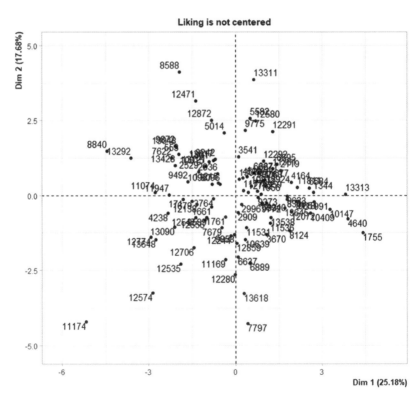

▶圖 6.1-3　消費者的主成分關係

檢視資料表 iLike，可以發現兩位的感官評分，在多項香水的喜好出現程度不同的極端，例如：Chanel N5、Mademoiselle、J'adore EP 和 J'adore ET 等。

```
> iLike[c("11174","13311"),]
      Angel Aromatics Elixir Chanel N5 Cinema Coco Mademoiselle J'adore EP
11174     3                 2         6                      1           1
13311     1                 3         6      7               9           9
      J'adore ET L'instant Lolita Lempicka Pleasures Pure Poison Shalimar
11174          2         7                5         3           4        1
13311          9         3                8         9           7        2
```

▶圖 6.1-4

類似的偏好會放在同一象限，相似度越高，距離越接近，例如，第 IV 象限的 1755 和 4640。

其次，再看商品空間內，商品間的主成分關係：

plot(rawPCA, choix="**var**", title="Liking is not centered")

從這個分析中，最令人驚訝的結果是由香水變數（欄）所提供的規模效果 (size effect)。規模效果突出了一個事實，即資料表中欄與欄的變數都是正相關的。就消費者的 Liking 而言，這意味著有些消費者什麼都給高分喜歡，有些消費者什麼都給低分不喜歡。換句話說，Dim 1 可解釋為喜歡的梯度 (gradient)：將「喜歡一切的消費者」與「不喜歡一切的消費者」相對照。在圖 6.1-5 上面，所有的都取得正分數，所以，Dim 1 區別了「消費者喜歡一切」的特徵。

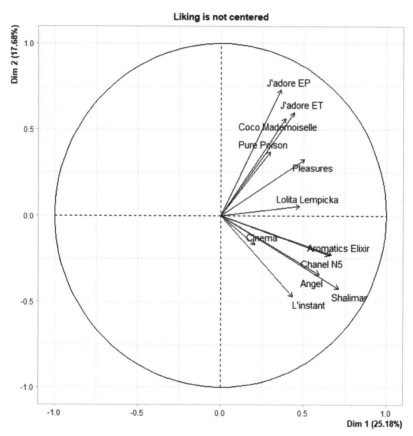

》圖 6.1-5　商品的主成分關係

這種規模效果，可以透過計算消費者的平均喜歡分數作為補充變數，來直接襯托。如下程式，與圖 6.1-6。

```
iLike2 <- cbind(newmat, apply(newmat,1,mean))
colnames(iLike2)[13] <- "Average"
rawPCA2 <- PCA(iLike2, quanti.sup=13, graph=FALSE)
plot(rawPCA2,choix="var", col.quanti.sup="red")
```

圖 6.1-6 添增一條平均值，以紅色虛線顯示。

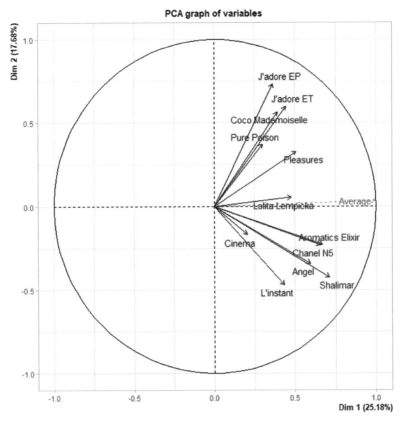

▶圖 6.1-6　添加平均為補助欄

　　第二個維度 (Dim 2) 就是所謂的形狀效果 (shape effect)：消費者沿著第二個軸線進行區分，從某種意義上說，在喜歡一切的消費者中，一些消費者眞正喜歡 J'adore EP、J'adore ET 等產品（第 I 象限），而另一些消費者則眞正喜歡 Shalimar、L'instant 和 Chanel N5 等產品（第 IV 象限）。不過，從實際角度來看，這種對消費者的細分似乎沒有太大用途。

　　嚴格地說，Liking 是喜好，並不是個別消費者的偏好，承上圖 6.1-6 的平均數概念，將 Liking 自平均數去中心化 (centered)，這樣可以以 0 為基準，看哪些大於 0，哪些小於 0。

　　Centered 方法如下：

```
iLike_centered <- t(scale(t(iLike), scale=FALSE))
head(iLike_centered)
```

重新執行主成分分析：

```
center.pca <- PCA(iLike_centered, graph=FALSE)
plot(center.pca,choix="var", title="Liking is centered")
```

　　圖 6.1-7 的偏好分析，將消費者做了更有意義的分類，例如，右象限 (I, IV) 和左象限 (II, III) 的對比。

又例如，在第一個主成分 (Dim 1) 中，以 0 為垂直軸，偏好 J'adore EP 和 J'adore ET，和偏好 Shalimar 或 Chanel N5 就是不一樣。

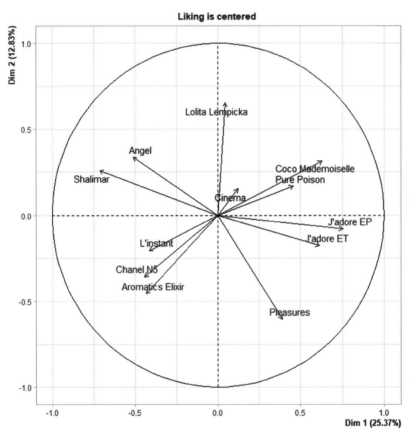

▶圖 6.1-7　去中心化資料的 Dim 1 和 Dim 2

　　爲了理解使用偏好數據而不是原始的喜歡數據，統計學者建議在 PCA 成分維度空間上，進一步比較原始的 Liking 數據在成分維度 2 和 3 上的主成分呈現，和偏好數據上在成分維度 1 和 2 的主成分呈現。

　　如圖 6.1-7 和圖 6.1-8，這兩種表示法非常相似

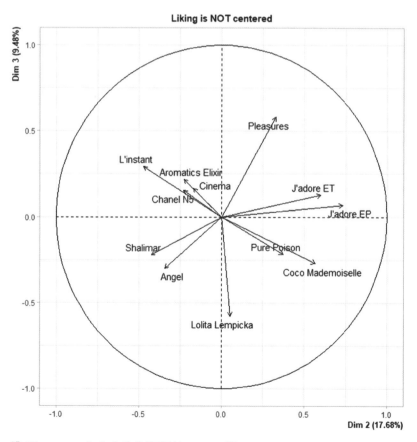

▶圖 6.1-8　未去中心化資料的 Dim 2 和 Dim 3

（此處不解釋沿 X 軸或 Y 軸的相對對稱關係）。這樣相似的結果，是因為根據消費者在 Liking 數據上使用 PCA 的第一成分維度量表的差異進行分離後，剩下的是基於 Liking 行為的差異，即他們的偏好。

三、如何從 Liking 判斷最受歡迎的香水

消費者（使用者）的喜好，往往成為網路上的推薦資訊。如何從 103 位消費者對 12 樣香水的 Liking 資料，推論出眾人所見？這問題有兩個方法。

方法一：單變量分析 Univariate Analysis ANOVA 和 Fisher LDS 檢定

就是應用統計的線性迴歸，第三章有討論過，我們利用迴歸估計條件期望值：

```
options(contrasts=c("contr.sum", "contr.sum"))
output1 <- lm(liking~product+consumer-1,
data=liking)
```

因為香水是類別資料，利用 coef(summary(output1))[1:12,] 看 12 個香水的平均分數。圖 6.1-9 指出 3 個 Liking 最高的香水：Coco、J'adore EP 和 Cinema，第 4 就是 J'adore ET 和 Pure Poison 並列。

```
> coef(summary(output1))[1:12,]
                          Estimate Std. Error  t value      Pr(>|t|)
productAngel              4.533981  0.1615923 28.05814 1.120534e-131
productAromatics Elixir   4.310680  0.1615923 26.67627 8.143374e-122
productChanel N5          5.155340  0.1615923 31.90337 1.744008e-159
productCinema             6.407767  0.1615923 39.65391 1.115204e-215
productCoco Mademoiselle  6.466019  0.1615923 40.01440 2.901032e-218
productJ'adore EP         6.582524  0.1615923 40.73538 2.020564e-223
productJ'adore ET         6.330097  0.1615923 39.17326 3.161465e-212
productL'instant          5.825243  0.1615923 36.04901 1.211024e-189
productLolita Lempicka    5.854369  0.1615923 36.22925 5.955158e-191
productPleasures          5.970874  0.1615923 36.95023 3.526433e-196
productPure Poison        6.330097  0.1615923 39.17326 3.161465e-212
productShalimar           4.485437  0.1615923 27.75774 1.589716e-129
```

》圖 6.1-9　透過迴歸係數看 12 個香水的平均分數

我們還可以執行 Fisher LSD(Least Significant Difference) 檢定，此檢定是 ANOVA 分析下的事後成對檢定，可以使用套件與函數：agricolae::LSD.test()，如下：

```
model <- aov(liking~product+consumer,data=liking)
LSD.compare <- agricolae::LSD.test(model,
                          "product",
                          p.adj="none",
                          group=FALSE,
                          main="Results of the Fisher LSD")
```

group=FALSE 進行成對比較 (comparison)，LSD.compare$statistics 回傳以下參數：

> LSD.compare$statistics

MSerror	Df	Mean	CV	t.value	LSD
2.689544	1122	5.687702	28.83384	1.962081	0.4483865

　　最右邊的 LSD=0.448，指出兩兩差異比較時，若絕對值小於 0.448 就是不顯著。可以看 LSD.compare$comparison，如圖 6.1-10，difference 就是圖 6.1-1 的 Estimate 兩兩相減。這樣我們就可以檢視成對比較的結果。

```
> LSD.compare$comparison
                                       difference pvalue signif.       LCL         UCL
Angel - Aromatics Elixir               0.22330097 0.3287          -0.22508554  0.67168748
Angel - Chanel N5                     -0.62135922 0.0066     **   -1.06974573 -0.17297271
Angel - Cinema                        -1.87378641 0.0000    ***   -2.32217292 -1.42539990
Angel - Coco Mademoiselle             -1.93203883 0.0000    ***   -2.38042535 -1.48365232
Angel - J'adore EP                    -2.04854369 0.0000    ***   -2.49693020 -1.60015718
Angel - J'adore ET                    -1.79611650 0.0000    ***   -2.24450302 -1.34772999
Angel - L'instant                     -1.29126214 0.0000    ***   -1.73964865 -0.84287562
Angel - Lolita Lempicka               -1.32038835 0.0000    ***   -1.76877486 -0.87200184
Angel - Pleasures                     -1.43689320 0.0000    ***   -1.88527972 -0.98850669
Angel - Pure Poison                   -1.79611650 0.0000    ***   -2.24450302 -1.34772999
Angel - Shalimar                       0.04854369 0.8318          -0.39984282  0.49693020
Aromatics Elixir - Chanel N5          -0.84466019 0.0002    ***   -1.29304671 -0.39627368
Aromatics Elixir - Cinema             -2.09708738 0.0000    ***   -2.54547389 -1.64870087
Aromatics Elixir - Coco Mademoiselle  -2.15533981 0.0000    ***   -2.60372632 -1.70695329
Aromatics Elixir - J'adore EP         -2.27184466 0.0000    ***   -2.72023117 -1.82345815
Aromatics Elixir - J'adore ET         -2.01941748 0.0000    ***   -2.46780399 -1.57103096
Aromatics Elixir - L'instant          -1.51456311 0.0000    ***   -1.96294962 -1.06617660
Aromatics Elixir - Lolita Lempicka    -1.54368932 0.0000    ***   -1.99207583 -1.09530281
Aromatics Elixir - Pleasures          -1.66019417 0.0000    ***   -2.10858069 -1.21180766
Aromatics Elixir - Pure Poison        -2.01941748 0.0000    ***   -2.46780399 -1.57103096
Aromatics Elixir - Shalimar           -0.17475728 0.4446          -0.62314379  0.27362923
Chanel N5 - Cinema                    -1.25242718 0.0000    ***   -1.70081370 -0.80404067
Chanel N5 - Coco Mademoiselle         -1.31067961 0.0000    ***   -1.75906612 -0.86229310
Chanel N5 - J'adore EP                -1.42718447 0.0000    ***   -1.87557098 -0.97879795
Chanel N5 - J'adore ET                -1.17457028 0.0000    ***   -1.62314379 -0.72637077
Chanel N5 - L'instant                 -0.66990291 0.0034     **   -1.11828942 -0.22151640
Chanel N5 - Lolita Lempicka           -0.69902913 0.0023     **   -1.14741564 -0.25064261
Chanel N5 - Pleasures                 -0.81553398 0.0004    ***   -1.26392049 -0.36714747
Chanel N5 - Pure Poison               -1.17457028 0.0000    ***   -1.62314379 -0.72637077
Chanel N5 - Shalimar                   0.66990291 0.0034     **    0.22151640  1.11828942
Cinema - Coco Mademoiselle            -0.05825243 0.7988          -0.50663894  0.39013408
Cinema - J'adore EP                   -0.17475728 0.4446          -0.62314379  0.27362923
Cinema - J'adore ET                    0.07766990 0.7340          -0.37071661  0.52605641
Cinema - L'instant                     0.58252427 0.0109     *     0.13413776  1.03091078
Cinema - Lolita Lempicka               0.55339806 0.0156     *     0.10501155  1.00178457
```

▶ 圖 6.1-10　成對比較結果

接下來看群的綜合結果：

```
LSD.group <- agricolae::LSD.test(model,
                    "product",
                    p.adj="none",
                    group=TRUE,
                    main="Results of the Fisher LSD")
```

可以看 LSD.group$groups，如圖 6.1-11，liking 就是圖 6.1-1 Estimate 值，最右欄 groups 就是類似 cluster 的概念，J'adore EP 和 Coco Mademoiselle 屬於單獨一群喜好評價與眾不同的偏高；Angel、Shalimar 和 Aromatics Elixir 則屬於喜好評價與眾不同的偏低。這也就是 LSD 將最佳商品取出的結論。

```
> LSD.group$groups
                      liking groups
J'adore EP           6.582524      a
Coco Mademoiselle    6.466019      a
Cinema               6.407767     ab
J'adore ET           6.330097     ab
Pure Poison          6.330097     ab
Pleasures            5.970874     bc
Lolita Lempicka      5.854369      c
L'instant            5.825243      c
Chanel N5            5.155340      d
Angel                4.533981      e
Shalimar             4.485437      e
Aromatics Elixir     4.310680      e
```

》圖 6.1-11　分群

方法二：多變量分析內部偏好投影法 (Internal Preference Mapping)

多變量方法在此也稱為內部偏好投影法，透過 PCA 和集群進行分類演算，評估消費者喜好和商品之間的關係，這種方法對於產品開發或行銷，十分有用。更多應用可參考行銷資料科學的書。有內部偏好投影，就有外部偏好投影法 (External Preference Mapping)，外部偏好投影在後面小節會敘述，它是結合消費者喜好和專家品鑑的方法。內部偏好投影法 SensoMineR 的代號稱為 mdPref。

接下來的作法，和第四章雷同，就是對資料表 iLike 轉置，再進行 PCA 與 HCPC。因為轉置後，商品成為列，行是消費者。PCA 演算會由消費者喜好分數，取出主成分（內建 4 個）。

```
data.mdpref <- t(iLike)
iLike.mdpref <- PCA(data.mdpref, ncp=4,
graph=FALSE)
```

plot(iLike.mdpref, choix="ind") 為圖 6.1-12，是透過 t(iLike) 的商品空間主成分，plot(iLike.mdpref, choix="var") 輸出圖 6.1-13 標註了消費者和喜好分

數的維度因子的關聯度，由之可以發現多數消費者
集中在第 I 偏 IV 象限，最少的是第 III 象限只有 1
人，次少是第 II 象限。兩圖合併，我們會發現最受
歡迎的是第 IV 象限的 J'adore EP、J'adore ET 和 Coco
Mademoiselle 這些；相對不受歡迎的則以 Aromatics
Elixir、Chanel N5 和 Shalimar。

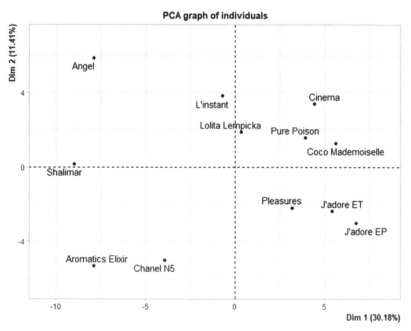

▶圖 6.1-12　商品空間主成分，t(iLike) 資料

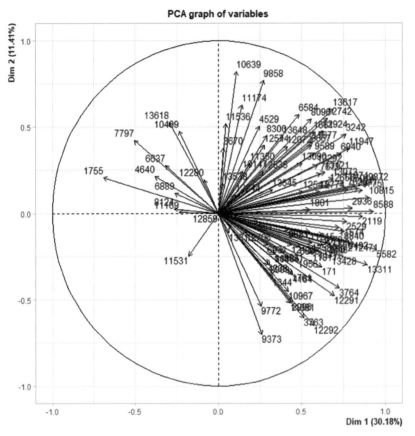

》圖 6.1-13　消費者喜好分布

((•)) **練習問題**

請接續以上多變量分析，執行階層式集群分析，利用 HCPC() 函數，產生圖 6.1-14 和圖 6.1-15。看看圈起來的商品，和 LDS 檢定的有何不同。

提示：iLike.HCPC<- HCPC(iLike.mdpref, graph=FALSE)。

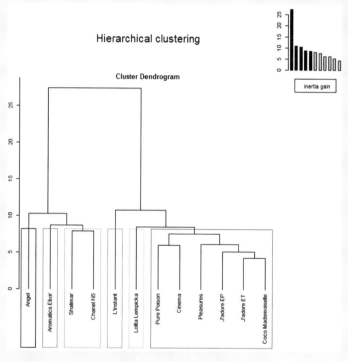

》圖 6.1-14　樹狀結構 (tree map)

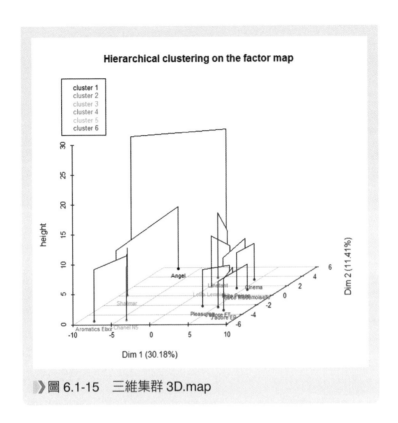

▶圖 6.1-15　三維集群 3D.map

第二節　當消費者喜好 Liking 遇到專家評分 Rating

一、合併資料的主成分分析

本節要介紹的是第三章的專家評分和前一節的喜好，同時面對的都是 12 種香水。喜好只是一種綜合感覺，沒有針對感官屬性給分；專家評分則針對商品的感官屬性。不論如何，個別物還是一樣的。因此，本節將介紹如何整合這兩類資料。

　　資料結構主表是圖 6.1-2 的轉置（12 個商品×103 位消費者），也就是列 ID 是商品，消費者代號為行變數（欄 ID），補充資料則是向右合併（行合併，column bind）圖 4.1-1 的屬性變數（12個商品 ×12 個屬性），因此，這是一個 12 個商品×(103+12) 的矩陣，最右 24 欄資料，局部顯示如下圖 6.2-1。

```
                  C13073 C13090 C13121 C13292 C13311 C13313 C13428 C13538
Angel                  6      1      3      2      1      6      1      7
Aromatics Elixir       4      1      1      1      3      8      5      5
Chanel N5              4      5      1      1      6      8      3      7
Cinema                 7      7      7      6      7      7      5      7
Coco Mademoiselle      8      6      7      9      9      9      6      8
J'adore EP             7      4      7      7      9      8      5      5
J'adore ET             7      5      7      1      9      5      8      7
L'instant              5      6      4      1      3      8      6      5
                  C13617 C13618 C13645 C13648  Spicy  Heady Fruity  Green
Angel                  7      7      7      5   3.90   7.84   1.92   0.11
Aromatics Elixir       1      7      5      4   6.30   8.31   0.61   0.52
Chanel N5              3      2      8      1   3.73   8.21   0.97   0.44
Cinema                 7      8      7      6   1.08   2.20   5.13   0.21
Coco Mademoiselle      9      3      7      5   0.91   1.14   5.06   0.78
J'adore EP             7      3      6      6   0.26   1.18   6.40   1.56
J'adore ET             6      6      6      2   0.34   1.29   5.63   1.48
L'instant              6      8      7      6   0.74   2.28   3.84   0.30
                 Vanilla Floral  Woody Citrus Marine Greedy Oriental Wrapping
Angel               7.18   2.49   1.18   0.41   0.14   7.89     4.76     7.55
Aromatics Elixir    1.82   4.30   2.64   0.60   0.09   0.34     7.45     7.72
Chanel N5           1.79   6.15   0.95   0.93   0.15   0.60     6.38     7.85
Cinema              4.86   5.55   1.02   1.05   0.59   4.38     2.87     5.57
Coco Mademoiselle   1.95   7.98   0.80   1.24   0.66   2.94     3.09     4.80
J'adore EP          0.47   8.40   0.91   2.17   1.02   1.30     1.14     3.57
J'adore ET          0.88   8.18   0.88   1.58   0.28   1.86     0.92     3.32
L'instant           4.89   7.38   0.98   0.71   0.68   3.38     3.05     5.65
[ reached 'max' / getOption("max.print") -- omitted 4 rows ]
```

▶圖 6.2-1　資料局部顯示

圖 6.2-1 的資料，搜尋本書附帶程式所提供範例，令合併後的資料名稱為 dat，我們執行以下程式分析資料。

首先，執行 PCA 估計：

```
mdpref <- PCA(dat,
              quanti.sup=seq(to=ncol(dat), length=12),
              graph=FALSE)
```

在估計 PCA 內，要宣告補充資料在何處，就是最右邊 12 欄來自第四章 experts 的數據，因此，要宣告 quanti.sup=104:115。

估計後，執行商品空間 (individual) 的主成分視覺化，也就是圖 6.2-2。

```
plot(mdpref, choix="ind")
```

合併資料的主成分維度是由消費者偏好所展現的空間，因為其餘的都被宣告為量化輔助 quanti.sup。執行特徵變數(var)的主成分視覺化，也就是圖6.2-3。

```
plot(mdpref, choix="var", label="quanti.sup")
```

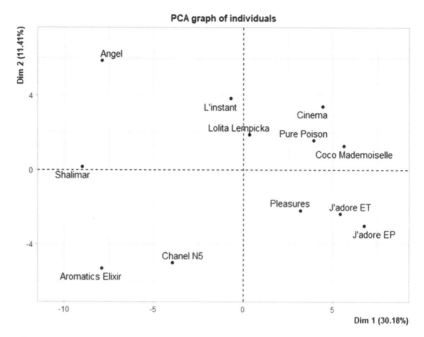

》圖 6.2-2　消費者偏好

　　圖 6.2-3 是在消費者偏好下的產品空間，突顯專
家意見的香調屬性分布。綜合解讀的範例可以這樣：

　　圖 6.2-2 指出，Dim 1 軸指出消費者偏好於右
邊的 J'adore EP、J'adore ET、Coco Mademoiselle 和
Cinema 等品牌。

　　圖 6.2-3 指出，Fruity、Marine、Floral、Citrus 和
Green 香調屬性，可以顯著地描寫消費者偏好的感官
特徵。

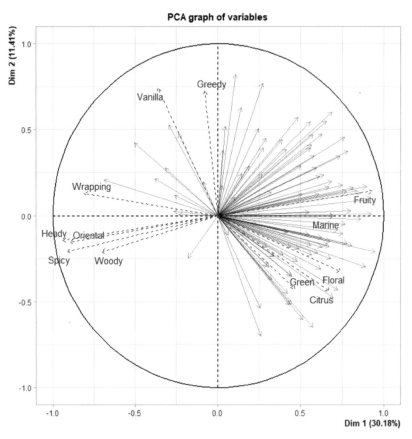

▶圖 6.2-3　合併資料中，突顯專家的屬性意見

　　因為以上兩圖的主成分是由消費者偏好計算，所以維度變異百分比都一樣。更詳細的分析與解讀，前章已經有介紹，此處不再贅述，我們設計成練習問題。

　　另外，承第五章，圖 6.2-3 是屬性與維度成分之間的相關係數，可以用以下程式取出：

```
res.dimdesc <- dimdesc(mdpref)
CORR1=res.dimdesc$'Dim.1'$quanti
select.supp <- which(rownames(CORR1) %in%
colnames(sensory))
```

　　res.dimdesc$'Dim.1'$quanti[select.supp,] 如圖 6.2-4。

```
> res.dimdesc$'Dim.1'$quanti[select.supp,]
         correlation        p.value
Fruity     0.9351164   8.116539e-06
Floral     0.7460137   5.333904e-03
Marine     0.7007259   1.113696e-02
Citrus     0.6750551   1.601156e-02
Woody     -0.7052946   1.040116e-02
Wrapping  -0.8068787   1.514421e-03
Oriental  -0.8941778   8.728868e-05
Spicy     -0.9139439   3.212391e-05
Heady     -0.9398604   5.597798e-06
```

》圖 6.2-4　據統計顯著性的感官屬性

((•)) **練習問題**

（一）請根據第四章和第五章內容，解讀圖 6.2-2 和 6.2-3。

（二）以上兩圖可以由兩個檔案，獨自處理 PCA，如下：

```
PCA.hedonic <- PCA(Hedonic, graph=FALSE)
plot(PCA.hedonic, choix="ind")
plot(PCA.hedonic, choix="var", col.var="blue")

PCA.sensory <- PCA(sensory, graph=FALSE)
plot(PCA.sensory, choix="ind")
plot(PCA.sensory, choix="var", col.var="blue")
```

請比較這兩組和圖 6.2-2、6.2-3 的差異，以及要如何解讀這兩組？

二、消費者對香水的喜好或不喜好，受哪些屬性影響？

接下來我們要回答這個問題，也就是哪些感官屬性，導致了多數消費者的不喜歡。回答這問題，就是執行雙變數線性迴歸；此時，我們需要整理出如圖

6.2-5 的資料表，程式碼如下：

```
Hedonic.avg <- as.matrix(apply(Hedonic,1,mean))
rownames(Hedonic.avg) <- rownames(Hedonic)
data4lm <- cbind(Hedonic.avg[rownames(sensory),],
sensory)
colnames(data4lm)[1] <- "Liking"
```

```
> data4lm
                   Liking    Spicy     Heady    Fruity     Green   Vanilla    Floral
Angel            4.533981 3.9000000 7.841667 1.9208333 0.1125000 7.1833333 2.491667
Aromatics Elixir 4.310680 6.3041667 8.308333 0.6125000 0.5166667 1.8208333 4.295833
Chanel N5        5.155340 3.7333333 8.212500 0.9666667 0.4375000 1.7875000 6.150000
Cinema           6.407767 1.0833333 2.195833 5.1250000 0.2125000 4.8625000 5.550000
Coco Mademoiselle 6.466019 0.9125000 1.141667 5.0625000 0.7791667 1.9500000 7.975000
J'adore EP       6.582524 0.2625000 1.179167 6.4041667 1.5625000 0.4666667 8.400000
J'adore ET       6.330097 0.3416667 1.287500 5.6250000 1.4833333 0.8791667 8.179167
L'instant        5.825243 0.7375000 2.283333 3.8416667 0.2958333 4.8875000 7.383333
Lolita Lempicka  5.854369 1.4000000 4.408333 3.3500000 0.4916667 8.0791667 3.025000
Pleasures        5.970874 0.4916667 0.912500 4.4625000 3.2500000 0.2750000 8.250000
Pure Poison      6.330097 1.6625000 1.895833 3.5458333 0.6291667 1.9208333 7.229167
Shalimar         4.485437 6.1625000 7.887500 0.9250000 0.3791667 3.2458333 4.495833
                    Woody    Citrus     Marine    Greedy  Oriental  Wrapping
Angel            1.1750000 0.4083333 0.14166667 7.8875000 4.7583333 7.550000
Aromatics Elixir 2.6375000 0.6041667 0.09166667 0.3416667 7.4500000 7.720833
Chanel N5        0.9500000 0.9291667 0.15000000 0.6250000 6.3791667 7.845833
Cinema           1.0166667 1.0500000 0.58750000 4.3750000 2.8708333 5.570833
Coco Mademoiselle 0.8041667 1.2416667 0.66250000 2.9375000 3.0875000 4.795833
J'adore EP       0.9125000 2.1666667 1.02500000 1.3000000 1.1375000 3.566667
J'adore ET       0.8750000 1.5750000 0.27500000 1.8583333 0.9166667 3.325000
L'instant        0.9750000 0.7083333 0.68333333 3.3791667 3.0500000 5.654167
Lolita Lempicka  0.7083333 0.8125000 0.14583333 9.1541667 3.6833333 7.637500
Pleasures        0.7083333 1.6083333 1.14166667 0.6708333 1.0416667 2.625000
Pure Poison      1.3458333 0.6000000 0.57083333 1.4916667 2.3958333 5.216667
Shalimar         2.9208333 0.8833333 0.13333333 1.0625000 7.6208333 7.333333
```

》圖 6.2-5　迴歸資料

這樣的資料表就可以用來估計這樣的線性方程式：

$$Liking = a + \beta \cdot Spicy.$$

如果斜率參數 β 統計上顯著為正，則它就是導致消費者「喜歡」這個產品的因子；同理，顯著的負值就是導致「不喜歡」的因子。估計結果如下：

```
> coef(summary(lm(Liking~Spicy, data=data4lm)))
              Estimate    Std. Error    t value     Pr(>|t|)
(Intercept)   6.485       0.1375        47.17       4.42×10⁻¹³
Spicy         -0.355      0.0445        -7.97       1.22×10⁻⁵
```

解釋時要注意，不是指特定香水，而是有以下含意：如果消費者不喜歡（Liking 低於平均），則 Spicy 可能是一個原因。同理，下例中，如果消費者喜歡（Liking 高於平均），則 Marine 可能是一個原因。

```
> coef(summary(lm(Liking~Marine, data=data4lm)))
              Estimate    Std. Error    t value     Pr(>|t|)
(Intercept)   4.957       0.312         15.87       2.03×10⁻⁸
Marine        1.566       0.534         2.93        0.0015
```

((•)) 練習問題

（一）請對所有屬性逐一執行以上迴歸，並綜合比較結果。

（二）令 X_i = 屬性 i，請對所有屬性逐一執行二次迴歸，並綜合比較討論：

$$Liking = a + b_1 \cdot X_i + b_2 \cdot X_i^2$$

接下來，類似第 6.1-3 節，我們看本節最後一個問題。

三、如何尋得商品空間中的最佳香水？──外部偏好投影法

第 6.1-3 節是使用喜好，判斷最受歡迎商品。此處，我們整合了消費者的喜好數據和專家的屬性品鑑分數，看看如何從這兩類資訊尋到最佳的香水。當然，所謂的「最佳」是受最大多數消費者所歡迎，且專家評鑑的屬性分數也支持（輔助）。在統計上，可以把它理解成一種被感官屬性加權的消費者偏好。此節展示的方法，也稱爲外部偏好投影法 (external preference mapping)，SensoMineR 稱爲 *PrefMap*。

類似圖 6.2-5 的迴歸資料，我們將第 2 欄以後的感官分數，改成兩個維度的座標數據，也就是主成分數據，令 PC1 爲第一個主成分（i.e. 前面的 Dim-1），PC2 爲第二個主成分（i.e. 前面的Dim-2），可以

有如下模型：

（一）二次模式 (quadrtic model, Danzart model)，就
是一般包括一個雙向交互效果的二次模型：

$$Liking = a + b_1 \times PC_1 + b_2 \times PC_2 + b_3 \times PC_1^2 +$$
$$b_4 \times PC_2^2 + b_5 \times \left(PC_1 \times PC_2 \right)$$

（二）簡單線性模型：

$$Liking = a + b_1 \times PC_1 + b_2 \times PC_2$$

（三）循環模式 (circular model)，考慮兩個主成分二
次相加效果：

$$Liking = a + b_1 \times PC_1 + b_2 \times PC_2 + b_3 \times \left(PC_1^2 + PC_2^2 \right)$$

（四）橢圓模式 (elliptic model)，考慮個別主成分的
二次效果：

$$Liking = a + b_1 \times PC_1 + b_2 \times PC_2 + b_3 \times PC_1^2 + b_4 \times PC_2^2$$

如上四個模式，演算時，是個別處理 103 位消
費者的喜好，然後在主成分商品空間，做一個三維投
影，也就是等高曲線 (iso-curve)，學過個體經濟學的
讀者，可理解成類似等產量線、無異曲線等觀念。我

們由以下步驟完成資料分析：

第 1 步：估計專家感官評分的主成分。

```
sensoryPCA <- PCA(sensory, graph=FALSE)
```

第 2 步：將消費者喜好確認其為資料框架 (data. frame)。這個步驟純粹是為了確保資料格式，因為這個 R 套件需要輸入物件是 data. frame。

```
Hedonic=as.data.frame(Hedonic)
```

第 3 步：繪製偏好投影圖。

```
carto(sensoryPCA$ind$coord[,1:2],
      Hedonic,
      level=0,
      regmod=1)
```

　　level 是接受的門檻值 (the threshold of acceptance) 內建是 0，0 是指依照所有消費計算出的標準化值 >level 為樣本，細節請看下面實做的簡單說明。

　　regmod=1 就是二次模型 (quadratic model)。

　　carto() 是套件 SensoMineR 內的函數，結果如圖 6.2-6：J'adore ET 與 Coco Mademoiselle 兩品牌在最

深色區域，也就是最接近第三維的山峰；根據等高線邊緣的數字 70，意味有大約 70% 消費者給予高於平均的喜好值。右邊的 Angel、Shalimar 和 Chanel N5 等品牌，是消費者較不偏好的。

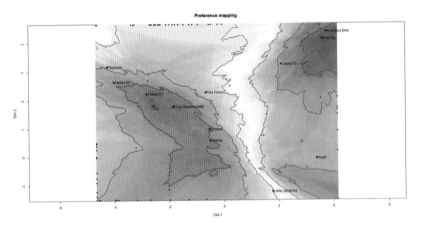

》圖 6.2-6　外部偏好投影法顯示的最佳組合，level＝0

　　圖 6.2-7 是 level=-0.5 畫出的偏好圖，最佳香水多了 L'instant 和 Cinema。透過兩圖的比較可知，我們只需要 level=0，就知道最受歡迎的香水，和漸次涵蓋的品項爲何。所以，當 level 太大，就會出現太嚴格的標準，所有香水就會越來越無法識別其受歡迎程度。

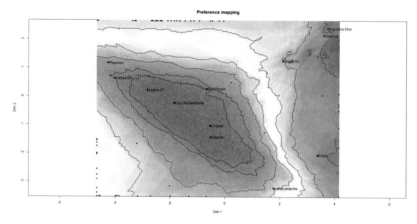

》圖 6.2-7　level＝-0.5

((•)) **練習問題**

（一）請將 carto 內的參數 regmod 改成其他數字 (2, 3, 4)，比較結果。

（二）請將 level 改成 1 和 2 來擴大喜好範圍，是大家都一樣好？還是大家都一樣差？

第三節　消費者接受性分析之一：JAR 資料

　　消費者接受性分析也稱爲剛剛好方法 (Just About Right, JAR)。JAR 是一種資料形態，如圖 6.3-1 的資料形態，消費者會依照香水的屬性強度（欄）給予閉區間 [-2, 2] 的 5 個間斷分數：-2, -1, 0, 1, 2。圖 6.3-1(C) 最右一欄就是消費者對香水的整體喜好分數 (liking)。

	A	B	C	D	E	F	G	H	I
1	consumer	product	intensity	freshness	jasmin	rose	camomille	fresh.lemon	vanilla
2	171	Angel	2	-1	-1	-2	0	0	0
3	171	Aromatics Elixir	2	-2	2	-2	0	0	0
4	171	Chanel N5	0	-2	0	0	0	0	0
5	171	Cinema	2	0	-2	0	0	0	0
6	171	Coco Mademoiselle	2	1	-1	-2	0	0	0
7	171	J'adore EP	2	1	-2	-2	0	0	1
8	171	J'adore ET	0	0	0	0	0	0	0
9	171	L'instant	2	-2	0	-2	0	2	0
10	171	Lolita Lempicka	2	-2	-2	0	0	0	0
11	171	Pleasures	0	0	0	0	0	0	0
12	171	Pure Poison	0	0	-1	-2	0	-2	0
13	171	Shalimar	2	0	0	-2	0	0	0
14	553	Angel	1	-2	1	-2	2	-2	2
15	553	Aromatics Elixir	-1	-2	2	-1	2	-2	2
16	553	Chanel N5	2	-1	1	-1	1	2	2
17	553	Cinema	2	-2	0	-1	2	-1	2
18	553	Coco Mademoiselle	0	-1	0	-2	1	-2	1
19	553	J'adore EP	0	-1	1	0	1	0	1
20	553	J'adore ET	2	2	2	1	2	2	2

(A)

	consumer	product	citrus	anis	sweet.fruit	honey	caramel	spicy	woody	leather
1										
2	171	Angel	-2	1	-2	0	0	2	-2	-2
3	171	Aromatics Elixir	-2	0	-2	0	0	2	0	-2
4	171	Chanel N5	-2	0	0	0	0	0	0	0
5	171	Cinema	-1	0	0	0	0	0	-1	0
6	171	Coco Mademoiselle	-1	-2	0	0	0	0	-1	-2
7	171	J'adore EP	-1	-2	0	0	0	2	-2	-2
8	171	J'adore ET	-2	0	0	0	0	0	-2	-2
9	171	L'instant	-2	-1	-2	0	0	2	-2	-2
10	171	Lolita Lempicka	-2	0	0	2	2	2	-2	-2
11	171	Pleasures	0	0	-2	0	0	0	0	-2
12	171	Pure Poison	-2	0	-2	0	0	0	-2	-2
13	171	Shalimar	-1	0	-2	0	0	1	0	-1
14	553	Angel	-2	1	-2	2	1	2	2	1
15	553	Aromatics Elixir	-2	0	-2	1	1	0	1	0
16	553	Chanel N5	-2	1	-2	0	1	-1	2	1
17	553	Cinema	-2	0	-2	2	2	0	0	-1
18	553	Coco Mademoiselle	1	0	-1	1	1	-1	0	0
19	553	J'adore EP	0	0	0	1	1	0	0	0
20	553	J'adore ET	-2	-1	-2	2	1	-1	-1	-1

(B)

	consumer	product	nutty	musk	animal	earthy	incense	green	liking
1									
2	171	Angel	2	-2	0	0	0	-2	3
3	171	Aromatics Elixir	0	-2	0	0	0	-2	3
4	171	Chanel N5	0	0	0	0	0	-1	7
5	171	Cinema	0	-1	0	0	0	-2	6
6	171	Coco Mademoiselle	0	0	0	0	0	-2	6
7	171	J'adore EP	-2	-2	0	0	0	-2	5
8	171	J'adore ET	0	-2	0	0	0	-2	6
9	171	L'instant	1	-2	0	0	0	-2	3
10	171	Lolita Lempicka	0	-2	0	0	1	-2	3
11	171	Pleasures	0	-2	0	0	0	-2	5
12	171	Pure Poison	0	-2	0	0	0	-2	6
13	171	Shalimar	0	0	0	0	-1	-2	3
14	553	Angel	1	1	2	2	2	-2	3
15	553	Aromatics Elixir	0	0	0	0	1	-2	5
16	553	Chanel N5	1	1	0	1	1	2	1
17	553	Cinema	1	1	1	0	1	-2	4
18	553	Coco Mademoiselle	2	0	0	1	1	2	7
19	553	J'adore EP	0	0	0	0	0	-2	8
20	553	J'adore ET	-1	1	0	0	1	-1	6
21	553	L'instant	0	1	0	2	2	1	4

(C)

》圖 6.3-1　資料結構

JAR 形態的資料分析，最通用的就是稱爲懲罰分析 (penalty analysis)，概念上是針對商品和特性，例如，Shalimar 的 intensity，把 103 位消費者的 JAR 分數和喜好分數取出來，執行 liking=a+b×intensity 的迴歸。

但是，JAR 分數不能直接用來配適現行模式，因爲 [-2, 2] 每個標度都不是靠平均數分布的，是消費者依照心中對產品屬性相對強度而訂的。一般作法是用卡方檢定，我們作法是先將 [-2, 2] 的標度做分類標籤：low、jAR、high。資料清理如下：

```
library(car)
jar2 <- jar
for (i in 1:21) {
   jar2[,i+2] <- recode(jar[,i+2],
                          recodes="c(-2,-1)='low'; 0='jar'; c(1,2)='high'")
   jar2[,i+2] <- relevel(jar2[,i+2],ref="jar")

}
```

這個資料整理的程式先將 -2 和 -1 的數字改成字元 low，0 就是 jar，1 和 2 改成 high。改完後，再指定 jar 爲參照點，liking 不動，如圖 6.3-2。

	A	B	R	S	T	U	V	W	X
1	consumer	product	nutty	musk	animal	earthy	incense	green	liking
2	171	Angel	high	low	jar	jar	jar	low	3
3	171	Aromatics Elixir	jar	low	jar	jar	jar	low	3
4	171	Chanel N5	jar	jar	jar	jar	jar	low	7
5	171	Cinema	jar	low	jar	jar	jar	low	6
6	171	Coco Mademoiselle	jar	low	jar	jar	jar	low	6
7	171	J'adore EP	low	low	jar	jar	jar	low	5
8	171	J'adore ET	jar	low	jar	jar	jar	low	6
9	171	L'instant	high	low	jar	jar	jar	low	3
10	171	Lolita Lempicka	jar	low	jar	jar	high	low	3
11	171	Pleasures	jar	low	jar	jar	jar	low	5
12	171	Pure Poison	jar	low	jar	jar	jar	low	6
13	171	Shalimar	jar	jar	jar	jar	low	low	3
14	553	Angel	high	high	high	high	high	low	3
15	553	Aromatics Elixir	jar	jar	jar	jar	high	low	5
16	553	Chanel N5	high	high	jar	high	high	high	1
17	553	Cinema	high	high	high	jar	high	low	4
18	553	Coco Mademoiselle	high	jar	jar	high	high	high	7
19	553	J'adore EP	jar	jar	jar	jar	jar	low	8
20	553	J'adore ET	low	high	jar	jar	high	low	6
21	553	L'instant	jar	high	jar	high	jar	low	4
22	553	Lolita Lempicka	jar	high	high	high	jar	low	3

▶圖 6.3-2　類別轉換的 JAR 資料

　　接下來就是所謂的懲罰分析，也就是把 liking 對
每個商品的特徵（欄變數）做線性迴歸，因爲欄變數
已經被轉換成字串，這樣的迴歸，類似數字對虛擬變
數（例如：性別、種族）的迴歸，程式如下：

```
options(contrasts=c("contr.treatment","contr.poly"))
jar2$product <- as.factor(jar2$product)
product.names <- levels(jar2[,2])

penalty <- list()
```

```
for (j in 1:length(product.names)) {

  penalty[[p]] <- list()
  jar2.p <- jar2[jar2[,2]==product.names[j],]
  for (i in 1:21) {
    penalty[[j]][[i]] <- coef(summary(lm(jar2.p$liking~jar2.p[,i+2])))
  }

  names(penalty[[j]]) <- colnames(jar2)[3:23]

  }

names(penalty) <- product.names
```

　　以上兩個迴圈將所有的商品對特徵屬性的迴歸一次做完，以 Shalimar 的 liking 對 intensity 迴歸結果為例：round(penalty$Shalimar$intensity,3)

```
> round(penalty$Shalimar$intensity,3)
                   Estimate Std. Error t value Pr(>|t|)
(Intercept)           5.781      0.321  17.983    0.000
jar2.p[, i + 2]high  -2.374      0.406  -5.851    0.000
jar2.p[, i + 2]low   -0.311      0.546  -0.569    0.571
```

▶圖 6.3-3　香水 Shalimar 的 liking 對 intensity 迴歸係數

　　圖 6.3-3 的解讀相當簡易：對 Shalimar 香調屬性濃郁度，JAR 的平均喜好是 5.78，對於低強度的懲罰

值（喜歡損失度，loss in liking）是 -0.311（統計不顯著），高濃度的喜好損失是 -2.374（此值統計上非常顯著）。因此，對 Shalimar 而言，被消費者感覺濃郁度偏高的特性，讓它損失了超過 2.3 的喜好度。

　　為了便於所有結果的解釋，我們最後用視覺化將每個香水的受懲罰值，個別都生成一個圖形。可以使用以下程式碼生成如圖 6.3-4 這樣的圖形（Shalimar 是隨機抽取）：

```
attribute <- colnames(jar)[3:23]
ID=sample(product.names,1);ID
ID.no=which(ID==names(penalty))

        plot(0,0,type="n",
        xlim=c(0,65),
        ylim=c(-0.2,3),
        xlab="Proportion (%)",
        ylab="Penalty", main=paste0("Product: ", ID))
for (i in 1:21) {
 points(sum(percentage[[i]][rownames(percentage[[i]])==ID,4:5]),
        abs(penalty[[ID.no]][[i]][2,1]),pch=20,col="blue")
if (penalty[[ID.no]][[i]][2,4]<=0.05){
 text(sum(percentage[[i]][rownames(percentage[[i]])==ID,4:5]),
        abs(penalty[[ID.no]][[i]][2,1])+0.05,paste(attribute[i],"*",sep=""),
        col="blue",cex=0.8)
} else {
```

```
text(sum(percentage[[i]][rownames(percentage[[i]])==ID,4:5]),
    abs(penalty[[ID.no]][[i]][2,1])+0.05,attribute[i],col="blue",cex=0.8)
}
points(sum(percentage[[i]][rownames(percentage[[i]])==ID,1:2]),
    abs(penalty[[ID.no]][[i]][3,1]),pch=20,col="lightblue")
if (penalty[[ID.no]][[i]][3,4]<=0.05) {
text(sum(percentage[[i]][rownames(percentage[[i]])==ID,1:2]),
    abs(penalty[[ID.no]][[i]][3,1])+0.05,paste(attribute[i],"*",sep=""),
    col="lightblue", cex=0.8)
} else {
text(sum(percentage[[i]][rownames(percentage[[i]])==ID,1:2]),
    abs(penalty[[ID.no]][[i]][3,1])+0.05, attribute[i], col="lightblue",
    cex=0.8)
}
}
abline(v=20, lwd=2, lty=2, col="red")
legend("topleft", bty="n", legend=c("Low 不足 ","High 偏多 "),
    col= c("lightblue","blue"), pch=20, cex=0.8)
```

圖 6.3-4 將各種屬性的懲罰值一起呈現，實體數字是偏高 (High) 的懲罰值，淡色數字是 Low 的懲罰值，Y 軸的數字改成負號，就是圖 6.3-3 的對應係數，我們透過對照 intensity 上標星號 *，代表其在 5% 的顯著水準下具統計顯著性。據此，就可以知道其意義。有超過 50% 的消費者認為 intensity 偏高，也給予較高的懲罰 (-2.374, loss in liking)；約 40% 的

消費者認爲 spicy 偏高，也給予較高次高的懲罰 (-2.2, loss in liking)；有 60% 消費者因爲偏低的 freshness 給喜好處罰值 -1.5，依此類推。因此，透過優化分析過程，香水 Shalimar 應該降低 intensity，提高 freshness。

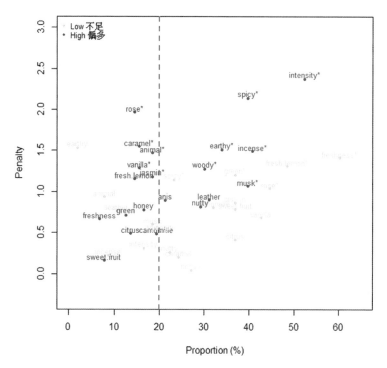

▶圖 6.3-4　香水 Shalimar 的相對懲罰程度 penalty

上述程式碼還需要一個 percentage 物件，作法附於程式內，此處只顯示其爲串列的資料結構，如圖 6.3-5，percentage 是 21 種特性的串列，每種特性都是 12 種香水的 JAR 原始分數的消費者比率。例如，各有 5.83% 的消費者，給予 Angel 的 intensity 屬性 -2 和 -1 分，也就是感覺 intensity 偏低 (Low) 的有 11.66%；認爲剛好 (JAR) 的消費者，則有 26.21%；感覺 intensity 偏高 (High) 的有 62.14% (20.39+41.75)。

```
> percentage
$intensity

                           -2     -1      0      1      2
Angel                    5.83   5.83  26.21  20.39  41.75
Aromatics Elixir         4.85   8.74  25.24  16.50  44.66
Chanel N5                5.83   5.83  40.78  21.36  26.21
Cinema                  19.42  16.50  43.69  10.68   9.71
Coco Mademoiselle       11.65  13.59  41.75  19.42  13.59
J'adore EP              10.68   8.74  50.49  16.50  13.59
J'adore ET              10.68   6.80  54.37  15.53  12.62
L'instant               11.65   9.71  41.75  16.50  20.39
Lolita Lempicka         15.53  11.65  39.81  14.56  18.45
Pleasures               15.53  13.59  43.69  11.65  15.53
Pure Poison              9.71  12.62  51.46  10.68  15.53
Shalimar                 7.77   8.74  31.07  18.45  33.98

$freshness

                           -2     -1      0      1      2
Angel                   42.72  20.39  26.21   3.88   6.80
Aromatics Elixir        41.75  11.65  32.04   7.77   6.80
Chanel N5               30.10  15.53  43.69   5.83   4.85
Cinema                  20.39  20.39  51.46   3.88   3.88
Coco Mademoiselle       10.68  15.53  59.22   8.74   5.83
J'adore EP               9.71  15.53  57.28   7.77   9.71
J'adore ET              13.59  11.65  61.17   6.80   6.80
L'instant               24.27  14.56  48.54   9.71   2.91
Lolita Lempicka         30.10  11.65  51.46   5.83   0.97
Pleasures               17.48  18.45  50.49  10.68   2.91
```

▶️ 圖 6.3-5　物件 percentage 的內容

((•)) 練習問題

請繪製所有香水的圖 6.3-4,並解讀之。

第四節 消費者接受性分析之二:IPM 資料

IPM(Ideal Profile Method) 方法,顧名思義,就是調查消費者理想中的屬性應該是多少。資料結構如圖 6.4-1,每一個香水屬性有兩個測量:一個由消費者自行認定的值,例如 Angel 的 intensity,圖 6.4-1(A) 的消費者認知的商品現實 intensity=77,以及此消費者認為理想的值 id_int=49.4。圖 6.4-1(D) 最右一欄如前,就是消費者喜好分數 liking。

資料讀取:

```
ideal <- read.csv("data/sensory/perfumes_ideal.csv")
ideal[,1] <- as.factor(ideal[,1])
```

	A	B	C	D	E	F	G	H	I	J	K	L
1	consumer	product	intensity	id_int	freshness	id_fresh	jasmin	id_jasm	rose	id_rose	camomille	id_camo
2	171	Angel	77	49.4	36.1	50.6	30	43.3	13.3	44.8	15.2	14.8
3	171	Aromatics Elixir	69.7	44.5	26.7	53.3	75.2	49.4	17.9	47.3	15.5	15.5
4	171	Chanel N5	52.7	52.1	50.6	69.4	41.5	45.8	45.8	45.5	18.8	16.4
5	171	Cinema	70	51.2	60.9	63.6	26.4	45.8	21.8	24.2	18.8	19.7
6	171	Coco Mademoiselle	73	50	66.1	52.1	40.6	47.6	18.2	48.5	15.2	17.6
7	171	J'adore EP	61.8	44.5	58.5	48.5	30	46.7	14.2	48.2	16.7	20.3
8	171	J'adore ET	48.8	45.2	50.9	51.5	48.5	49.4	48.2	49.7	18.2	18.2
9	171	L'instant	67.3	46.4	22.7	65.8	15.8	16.7	16.1	47.9	14.5	14.8
10	171	Lolita Lempicka	76.7	52.7	19.1	47.9	27.9	43.3	17	20.6	16.1	13.9
11	171	Pleasures	52.4	49.4	67.6	69.7	49.4	50.9	62.7	63.3	20.9	20.9
12	171	Pure Poison	52.4	51.2	67.9	66.4	36.1	49.7	30	48.2	21.2	22.1
13	171	Shalimar	68.8	47	47.9	50.6	45.8	46.4	21.5	48.8	17.6	18.8
14	553	Angel	43.3	36.4	19.7	50.9	26.4	20.9	23	45.8	41.2	20.9
15	553	Aromatics Elixir	36.1	41.8	29.7	65.8	62.7	28.5	24.2	38.5	44.8	20.3
16	553	Chanel N5	53.6	33	47.3	55.5	33.3	23.6	23	35.5	31.8	23
17	553	Cinema	57.6	42.4	43.6	82.4	30.6	28.2	29.1	40.9	46.1	26.4
18	553	Coco Mademoiselle	49.4	49.1	58.2	69.1	19.7	20	16.7	34.5	41.2	32.7
19	553	J'adore EP	45.5	43.6	40.9	53.3	39.4	28.5	42.7	43	32.1	20
20	553	J'adore ET	30	49.7	34.8	68.8	41.8	25.2	21.8	32.1	39.1	22.4

(A)

	A	B	M	N	O	P	Q	R	S	T	U	V
1	consumer	product	fresh lemon	id_fresh.lem	vanilla	id_vanilla	citrus	id_citrus	anis	id_anis	sweet.fruit	id_sweet.fruit
2	171	Angel	15.2	16.1	13.3	13.3	15.2	37.9	20.9	13.9	17.3	40.6
3	171	Aromatics Elixir	16.7	18.5	11.2	10	11.2	41.8	12.7	13.9	13.3	37
4	171	Chanel N5	17.6	19.7	17	17.6	17.3	42.4	16.4	14.5	15.2	17
5	171	Cinema	20.6	19.1	16.7	16.4	33.3	41.2	17	17	16.7	15.8
6	171	Coco Mademoiselle	15.2	14.5	4.8	7	33.9	46.1	16.7	40.9	13.3	12.4
7	171	J'adore EP	20.9	22.4	30.9	18.5	34.5	48.5	29.1	48.2	16.1	18.2
8	171	J'adore ET	22.7	23.3	15.2	19.7	24.2	48.2	21.5	20.6	18.8	20
9	171	L'instant	36.1	18.5	13.9	14.5	14.5	42.4	16.4	22.7	12.4	28.8
10	171	Lolita Lempicka	16.7	17.6	17.3	17.9	15.5	39.4	14.2	15.5	10.6	14.8
11	171	Pleasures	46.4	48.5	23.9	22.4	44.8	46.4	28.5	29.4	29.4	45.5
12	171	Pure Poison	32.7	47.9	14.2	16.4	25.2	43.9	17.6	19.1	24.5	49.7
13	171	Shalimar	18.8	19.1	17.9	19.7	28.5	43.3	14.8	16.4	16.4	38.2
14	553	Angel	27	44.2	41.5	25.8	27.3	65.5	27.6	16.4	27.3	62.4
15	553	Aromatics Elixir	40.9	67.3	57.9	23	41.8	68.8	24.8	24.2	38.5	58.5
16	553	Chanel N5	62.1	45.5	34.5	17.9	30.9	62.7	24.2	18.8	35.5	56.7
17	553	Cinema	53.3	63.9	68.8	33.6	42.1	61.5	34.8	30.6	43.9	71.8
18	553	Coco Mademoiselle	51.8	70	39.7	30.9	50.9	57.3	45.5	21.8	21.5	28.2	42.1
19	553	J'adore EP	43	43.6	33.9	28.2	55.8	56.4	23.9	23.6	59.4	59.4
20	553	J'adore ET	40.3	69.4	51.5	31.5	45.2	63.9	22.7	28.8	31.5	60

(B)

consumer	product	honey	id_honey	caramel	id_caram	spicy	id_spicy	woody	id_woody	leather	id_leather
171	Angel	15.2	14.2	13	13	66.7	45.8	12.1	47.6	12.1	44.5
171	Aromatics Elixir	14.2	13.3	11.8	13	75.5	49.1	14.8	17	17	45.8
171	Chanel N5	17	17.6	13.9	14.5	55.2	55.8	13.9	16.1	17	16.4
171	Cinema	15.8	16.4	18.5	19.4	51.5	51.5	31.2	42.7	20	17.6
171	Coco Mademoiselle	16.1	14.5	13	13	51.8	53	38.2	47.6	21.5	43
171	J'adore EP	17.6	18.8	16.1	13.6	67.3	48.5	21.2	47	17.3	44.5
171	J'adore ET	19.7	20	17.6	17.9	61.5	63.3	24.5	45.2	19.7	35.8
171	L'instant	11.5	14.2	14.2	16.4	72.7	49.4	13.6	38.8	14.8	46.1
171	Lolita Lempicka	34.2	15.5	42.7	15.8	64.5	46.1	20	41.5	16.1	42.7
171	Pleasures	26.4	26.1	18.8	19.4	64.5	65.2	46.1	48.2	21.2	48.5
171	Pure Poison	24.8	24.8	19.7	20.9	67	67.6	21.2	50.6	24.5	48.2
171	Shalimar	17.6	15.5	13.9	15.5	65.8	59.4	46.1	49.4	15.5	21.5
553	Angel	39.1	19.7	32.1	21.5	71.2	36.4	56.1	34.5	37.9	26.4
553	Aromatics Elixir	24.8	18.8	33.9	28.2	33	29.1	33.3	25.2	25.5	22.1
553	Chanel N5	20	19.1	31.5	22.4	33.3	39.1	44.2	17	33.9	19.1
553	Cinema	47	27.3	70	27.3	36.4	39.7	30	28.8	23	31.2
553	Coco Mademoiselle	37.6	27.9	43	28.2	40	51.5	47.3	46.4	30.9	30
553	J'adore EP	48.5	36.1	37.9	24.8	24.2	27.9	24.5	24.2	17.9	17.3
553	J'adore ET	37.9	21.5	37.6	24.8	24.2	36.4	27.3	35.8	20.9	33.3
553	L'instant	41.8	31.2	26.7	21.2	17.3	41.2	26.1	23.2	21.2	29.7

(C)

consumer	product	nutty	id_nutty	musk	id_musk	animal	id_animal	earthy	id_earthy	incense	id_incense	green	id_green	liking
171	Angel	43.6	16.4	15.8	44.8	12.7	14.5	14.2	16.1	16.7	16.4	15.5	47.9	3
171	Aromatics Elixir	19.7	22.1	15.5	36.7	15.2	16.7	17.3	16.7	14.8	14.8	16.4	47	3
171	Chanel N5	21.5	25.2	42.1	41.8	16.1	16.7	16.1	17	18.2	16.7	30.3	43	7
171	Cinema	17	17.6	39.1	46.7	6.7	8.2	8.8	8.2	11.5	12.4	14.2	43.9	6
171	Coco Mademoiselle	13.9	16.1	16.1	47.9	14.2	14.2	13.6	14.5	14.5	17.6	14.2	53.6	6
171	J'adore EP	22.1	43.3	26.1	44.2	16.4	17.3	18.2	16.1	14.2	12.1	18.5	50.9	5
171	J'adore ET	15.2	16.7	23	45.8	16.1	13.9	17	17.6	23.3	26.4	20.6	49.7	6
171	L'instant	30.6	17.9	17.9	46.4	14.2	14.2	15.8	15.2	16.7	16.4	16.4	45.8	3
171	Lolita Lempicka	16.4	14.5	17.6	47.6	12.1	11.8	15.5	17	25.5	18.8	17.3	46.7	3
171	Pleasures	25.8	26.4	24.8	46.1	16.4	17.9	18.8	19.4	17	18.5	16.7	35.2	5
171	Pure Poison	24.2	20.9	22.4	47.9	14.8	13.9	18.5	18.2	18.2	15.5	18.5	43	6
171	Shalimar	22.4	17.9	40.6	45.5	16.1	16.7	16.1	16.1	13.6	20	15.5	44.2	3
553	Angel	26.1	17.6	33.9	20.3	39.4	20.3	47	14.8	40.9	16.4	28.2	56.1	3
553	Aromatics Elixir	24.8	20.3	20.6	19.1	21.2	19.1	19.4	19.1	27.3	17	25.5	53.3	5
553	Chanel N5	37	25.5	25.8	17	25.2	20.6	21.5	14.8	26.4	18.2	31.5	13	1
553	Cinema	39.4	27	29.4	21.5	23.9	15.5	20.9	17.6	35.8	22.7	23.9	59.1	4
553	Coco Mademoiselle	45.2	28.8	19.4	19.4	23.9	23.3	22.1	15.8	24.8	18.2	50.3	25.5	8
553	J'adore EP	23.6	25.5	16.4	16.7	19.4	18.2	13.3	13.3	21.8	17	33	60.3	8
553	J'adore ET	24.2	31.2	24.5	17	16.7	16.7	15.8	14.5	22.7	14.8	37.3	52.1	6
553	L'instant	19.1	20	20	19.4	19.4	19.7	28.4	17.9	22.1	21.8	23	37.3	4

(D)

》圖 6.4-1　資料結構

這樣的資料結構就可以執行外部偏好投影圖 (external preference mapping)。我們可以執行兩種分析：

第一種是單一最理想，還是有多重理想？

我們使用 SensoMineR 內的函數 MultiIdeal() 處理這個問題：

```
res.MultiId <- MultiIdeal(ideal,
                          col.p=2,
                          col.j=1,
                          id.recogn="id_")
```

參數 id.recogn 宣告特定屬性變數的理想評分欄位之共通標籤，此處是 "id_"，R 套件 SensoMineR 自動將 "id_" 左前 1 欄的數據，當成消費者對此商品對應屬性之事實上的感官評分，因此，輸入資料時，屬性接屬性的對應排序就很重要。

上述函數產生圖 6.4-2，圖中左邊有橢圓，就是信賴橢圓，它也區分出哪些商品的理想屬性與眾不同，例如，Angel 和 Shalimar，它們的產品感官屬性的理想值讓它們不能和其他香水圈在一起。

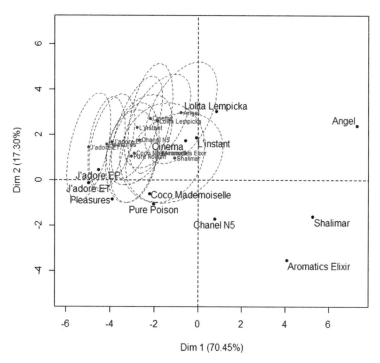

》圖 6.4-2 理想屬性異質性

　　上圖的信賴橢圓，採用 Hotelling 檢定，對商品的相關係數執行成對檢定，如果檢定的成對商品之 p.value 大於 5%，意味兩者彼此類似，可以用一個信賴橢圓圈起來。

　　第二種分析就是所謂的外部偏好投影圖 (external

preference mapping)。要繪製理想偏好投影，使用函數 IdMap() 估計，再繪圖：

```
res.IdMap <- IdMap(ideal,
                   col.p=2,
                   col.j=1,
                   col.lik=ncol(ideal),
                   id.recogn='id_')
繪圖：plot(res.IdMap, xlim=c(-10,10), ylim=c(-10,10),
          color=TRUE, inverse=TRUE)
```

圖 6.4-3 也是類似之前介紹的等高圖，邊緣數字

Ideal Mapping

▶▶圖 6.4-3　理想偏好投影

代表認同理想屬性的消費者比率，例如，圖若放大，會看到中心數值是 40，代表基於消費者的看法，40%的消費者對理想感官值有類似看法。

　　承前，百位消費者調查出來的理想是怎樣的數字？由指令：

　　　　res.IdMap$ideal$profiles

可以取出，見圖 6.4-4。指出理想的 intensity 是 56.1017，freshness 是 59.16875，這些數字，都

```
> t(res.IdMap$ideal$profiles)
              Ideal
intensity    56.10170
freshness    59.16875
jasmin       43.49792
rose         41.96496
camomille    32.84697
fresh.lemon  41.11780
vanilla      38.42538
citrus       34.21193
anis         28.67386
sweet.fruit  37.94318
honey        31.73466
caramel      29.18674
spicy        38.50890
woody        26.83920
leather      21.27443
nutty        31.21061
musk         32.65189
animal       20.49621
earthy       17.38542
incense      26.15360
green        34.15492
```

▶圖 6.4-4　指出理想的感官值

可以去對照個別商品，成為調整的參照點 (reference point)。

根據資料，百位消費者趨向這看法的有多少？42.7%，這個數字，就是圖 6.4-3 的中心。

```
> res.IdMap$ideal$pct.conso
[1] 42.7
```

最後就是計算資料表 ideal 中個別商品和理想值的差距。

先定義圖 6.4-4 的眾多消費者表現的理想參照值：

```
ideal.ref <- round(res.IdMap$ideal$profiles,2)
```

再定義非理想的感官欄位數字：

```
att.no <- seq(from=3, to=ncol(ideal)-1,by=2)
```

合併大資料表 ideal：

```
senso.data <- averagetable(ideal[,c(1,2, att.no)],
                           formul="~product+consumer",
                           firstvar=3)
```

```
> round(senso.profile,2)
                 intensity freshness jasmin  rose camomille fresh.lemon
Angel                68.23     41.85  35.48 32.40     29.59       28.59
Aromatics Elixir     68.28     44.15  38.50 35.20     27.48       31.80
Chanel N5            66.12     47.98  38.30 39.94     28.97       34.81
Cinema               53.62     52.73  38.00 34.80     29.79       33.88
Coco Mademoiselle    59.09     58.97  40.17 36.88     27.62       39.16
J'adore EP           59.35     59.63  40.14 41.46     28.17       40.49
J'adore ET           57.81     59.74  44.21 42.84     27.84       36.66
L'instant            58.17     51.58  39.50 36.73     29.58       36.53
Lolita Lempicka      55.56     47.00  39.39 39.19     30.40       29.94
Pleasures            55.89     55.19  41.41 40.80     28.67       40.66
Pure Poison          56.62     55.33  39.24 38.90     28.60       38.91
Shalimar             66.67     40.32  35.48 33.46     30.71       32.23
                 vanilla citrus  anis sweet.fruit honey caramel spicy woody
Angel              37.04  27.76 29.27       28.62 34.41   33.00 43.56 37.20
Aromatics Elixir   26.04  25.07 23.71       26.41 22.34   22.79 46.73 35.34
Chanel N5          29.69  27.13 23.44       28.65 24.77   24.25 40.40 27.16
Cinema             38.62  29.95 24.65       31.03 26.74   26.27 34.40 25.75
Coco Mademoiselle  28.55  31.43 23.88       31.07 24.75   23.71 36.24 26.55
J'adore EP         30.59  33.99 23.80       38.35 25.80   23.80 32.71 23.49
```

》圖 6.4-5　合併之大資料表 senso.data

隨機抽取一個香水，下例是 Aromatics Elixir：

　　id=sample(product.names,1);id

計算此香水和理想值的差距：

　　difference <- t(round(ideal.ref- senso.data [id,],2))

difference 就是香水 Aromatics Elixir 和理想值的
差距，呈現如圖 6.4-6。

```
                     Aromatics Elixir
       intensity            -12.18
       freshness             15.02
       jasmin                 5.00
       rose                   6.76
       camomille              5.37
       fresh.lemon            9.32
       vanilla               12.39
       citrus                 9.14
       anis                   4.96
       sweet.fruit           11.53
       honey                  9.39
       caramel                6.40
       spicy                 -8.22
       woody                 -8.50
       leather               -6.86
       nutty                  1.97
       musk                  -6.36
       animal                -4.46
       earthy                -9.35
       incense               -5.29
       green                 10.60
```

▶圖 6.4-6　香水 Aromatics Elixir 和理想值的差距

　　最後就是將 difference 的數據，視覺化比較，如圖 6.4-7。

```
library(ggplot2)
gg.dat=data.frame(attributes=rownames(t(difference)),
                  value=as.numeric(difference))
ggplot(gg.dat, aes(x=value, y=attributes, fill=attributes)) +
```

```
geom_bar(stat = "identity") +
xlab(id)
```

圖 6.4-7 香水 Aromatics Elixir 和理想值的差距，
根據算法，正的就是不足，負的就是太多。依圖示，
堅果味 nutty 差不多，intensity 太多，freshness 不足。

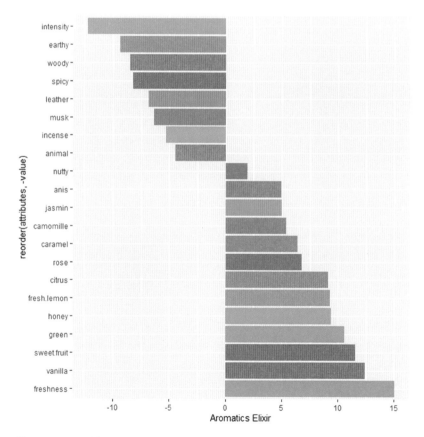

》圖 6.4-7　差距視覺化：Aromatics Elixir 和理想值

((•)) **練習問題**

（一）上述程式沒有排序，圖 6.4-7 是排序後的
　　　圖。請試試修改。

（二）請將所有香水都畫出類似圖 6.4-7 的結果，
　　　綜合比較之。若你用過這類香水，試著討
　　　論其合理性。

筆記欄

筆記欄

筆記欄

筆記欄

國家圖書館出版品預行編目資料

探索感官資料：深入市場資料科學／何宗武
著. -- 初版. -- 臺北市：五南圖書出版股
份有限公司, 2024.10
面； 公分
ISBN 978-626-393-775-8（平裝）

1.統計套裝軟體 2.統計分析

512.4 113013471

1H1Q

探索感官資料：深入市場資料科學

作　　者 — 何宗武

企劃主編 — 張毓芬

責任編輯 — 唐　筠

文字校對 — 許馨尹　黃志誠

封面設計 — 施可旎

出 版 者 — 五南圖書出版股份有限公司

發 行 人 — 楊榮川

總 經 理 — 楊士清

總 編 輯 — 楊秀麗

地　　址：106台北市大安區和平東路二段339號4樓

電　　話：(02)2705-5066　傳　　真：(02)2706-6100

網　　址：https://www.wunan.com.tw

電子郵件：wunan@wunan.com.tw

劃撥帳號：01068953

戶　　名：五南圖書出版股份有限公司

法律顧問　林勝安律師

出版日期　2024年10月初版一刷

定　　價　新臺幣560元

經典永恆・名著常在

五十週年的獻禮 —— 經典名著文庫

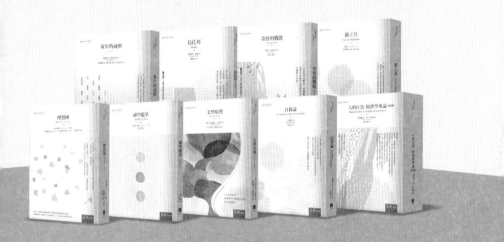

五南，五十年了，半個世紀，人生旅程的一大半，走過來了。

思索著，邁向百年的未來歷程，能為知識界、文化學術界作些什麼？

在速食文化的生態下，有什麼值得讓人雋永品味的？

歷代經典・當今名著，經過時間的洗禮，千錘百鍊，流傳至今，光芒耀人；

不僅使我們能領悟前人的智慧，同時也增深加廣我們思考的深度與視野。

我們決心投入巨資，有計畫的系統梳選，成立「經典名著文庫」，

希望收入古今中外思想性的、充滿睿智與獨見的經典、名著。

這是一項理想性的、永續性的巨大出版工程。

不在意讀者的眾寡，只考慮它的學術價值，力求完整展現先哲思想的軌跡；

為知識界開啟一片智慧之窗，營造一座百花綻放的世界文明公園，

任君遨遊、取菁吸蜜、嘉惠學子！